【 理 論 物 理 学 が 解 明 ！ 】

究極の投球

Ultimate pitching mechanism

メカニズム

山口大学理学部教授
坂井伸之

$$\vec{f_2} = \vec{f_1'} + \vec{f_3'} = -\vec{f_1} - \vec{f_3}$$

$$e = \frac{v'}{v} \quad 0 \le e \le 1$$

$$I = \frac{2}{5} MR^2$$

$$F_1 r_1 = F_2 r_2$$

$$\vec{F}_{AB} = -\vec{F}_{BA}$$

$$I = \frac{1}{2} MR^2$$

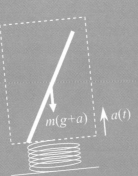

$m(g+a)$ $a(t)$

準回外

準内旋

合力

摩擦力

重力

垂直抗力

$$\frac{1}{2} g \sin 2\theta \longrightarrow \frac{1}{2}(g + a(t)) \sin 2\theta$$

彩図社

まえがき

「コーチ、コントロールが定まりません。自分のフォームはどこが悪いでしょうか」

「肩に力が入りすぎている。力を抜け！」

「力を抜いたら、もっとひどくなりました」

「バカヤロー！　力を抜き過ぎだ！」

　これは笑い話のようだが、スポーツ指導の現場では、指導者の意図が競技者に伝わらないということがよくある。指導者は「こんなことがどうしてできないのか？」と首をかしげ、競技者は「どうすれば良いのかさっぱり分からない」と嘆く。大抵の場合、**できない競技者は「センスがない」と言われておしまい**である。

　たしかに、スポーツに限らず何をするにしても、人間には才能やセンスがあり、その結果習得の程度に個人差が現れるのは当然だ。しかし、例えば英会話や運転技能のように、学力やその他の技能というものは大抵、時間をかけて努力すれば誰もが一定のレベルに到達することができる。一方、スポーツではいくら努力してもほとんど上達しないことがしばしば起こる。その点においてスポーツは特殊であり、センスのない者にとっては残酷である。

　では、指導者の助言が競技者、特に初級者に伝わりにくいのはなぜだろうか？　実は、この理由は意外と単純なことではないかと思う。

・指示内容の3W1H「どのタイミングで、どの部位を、どのように力を加える（緩める）のか？ それはなぜか？」が不明確である。3W1Hが具体的に示されなければ、動作に移せるはずがない。

・指導者が技術を感覚でしか理解していないから、客観的な言葉で伝えることができない。それは、感覚をどう言葉にするかという表現上の問題だけではない。指導者自身が正しい運動をしていても、誤った感覚で理解していることさえある。

　ならば、指導者が悪いのか？　指導者が勉強不足なのか？　いや、そうではない。**指導者が勉強しようにも、運動に関する科学的知識体系がほとんどできていない**のだ。

　動作は力学現象に他ならない。上記の問題を解決する必要条件は、合理的動作の力学的メカニズムを解明することである。しかし、従来のスポーツ科学は動作のメカニズムを解明する方向に研究が進まなかった。その理由は、実験とシミュレーションによってある条件下の「数値データ」を出すことに特化され、理論研究が軽視されていたからである。それでは「なぜ？」に答えることはできない。

　実験やシミュレーションによる数値データという「結果」だけでは、なぜ不十分なのか？
・将棋とAI（人工知能）の関係に喩えて説明しよう。AIは与えられた局面での最善手を考えてくれるが、なぜその手が最善手なのかという理由は教えてくれない。その「結果」をプロ棋士が一手一手の読みで検証し説明

することによって、私達はAIの出した結果を理解し応用することができるのである。将棋の一手一手の読みに対応するのが理論物理学的研究、つまり、物理法則と単純なモデルによって一つ一つ理解を積み重ねていくことである。

　本書では、**理論物理学的研究によって得られた投球動作のメカニズム**を解説する。

　では、理論物理学者がなぜ野球の研究をすることになったのか、その経緯を説明しよう。実は、筆者は野球で挫折した者の一人だ。高校時代に硬式野球をやっていたが、いくら練習しても肩が良くならない。塁間の送球が精一杯で、対角線（本塁・二塁間）約40ｍの送球は山なりで安定しない。
「なぜ、練習してもうまくなれないのか？」
　才能がないから仕方ない、と諦めるしかなかった。
　月日は流れ、野球とは全く関係のない（と思っていた）理論物理学の研究に携わるようになった。四十を過ぎ、ソフトボールをしていたある日、ふと高校時代の疑問がよみがえった。高校時代との違いは、物理学に物事を見られるようになったことである。

「人間の動作は力学現象に他ならない。動作のコツは物理学的に理解できるのではないか？」

　そんな考えが頭に浮かんだが、誰もが考えそうなことだ。投球のメカニズムなど、既に専門の研究者によって解明されているだろう。そう思って、スポーツの研究をする同僚に聞いたところ、スポーツ動作を研究する「スポーツバイオメカニクス」という分野があるらしい。そこで、大学の図書館やインターネットでスポーツバイオメカニクスの文献を調べた。分かったことは、意外な事実だった。

「投球だけでなくスポーツ動作のメカニズムは、物理学的にほとんど解明

されていない」

　投球はじめ、スポーツ動作に関する論文は多数ある。しかし、そのほとんどが実験データを提示するもので、結局何が重要なメカニズムなのか、どうすれば上達するかについては、ほとんど答えていないのだ [1.2]。

　それならば、自分で考えるしかない。これが、スポーツ動作の物理学的研究を始めた経緯である。運動法則に基づき、単純な力学モデルを使って、投球動作のメカニズムを少しずつ読み解いていった。その結果、高校時代の自分の投げ方のどこが悪かったのが、具体的にわかった。

「本塁・二塁間の送球は、こんなに楽にできるものだったのか」

　高校時代にいくら練習してもできなかった動作が、年齢的に体力・筋力が衰えているにもかかわらず、理屈がわかるとすぐにできるようになった。理論物理学的に導いた結果は決して机上の空論ではなく、投球動作の改善に役立つことを確信した。

　高校時代の筆者のように**「肩が弱い」と悩んでいる人**や、**イップスに悩む人**には、ぜひ読んで頂きたい。間違えた認識でいくら練習しても上達しない。**自分の運動と正しい運動の違いを理解すれば、練習によって確実に上達する。**

　熟練者であっても、100%合理的な動作ができる人は少ないだろう。動作の力学的メカニズムが分かれば、更に上達する可能性がある。**肩や肘の怪我を防ぐ**ためにも、自分の投げ方は力学的に無理がないかどうか、本書でチェックして頂きたい。

【第四章】
理論物理学が解明した
投球腕の運動メカニズム ················· 85

【第5章】

軸脚・踏み出し脚・体幹・グラブ腕の役割を一つ一つ理解しよう ················ 111

【付録】
回転運動の力学 ··········· 149

※本文中の [1][2] などの表記は、巻末の参考文献に対応しています。

本文イラスト：土井敬真

【第一章】

これまでの
指導法・運動理論には
何が欠けていたのか？

指示内容の「3W1H」が明確でない

なぜ指導者の意図が伝わらないのか？

　指導者の意図が競技者に伝わらない、ということがよくある。これは、競技者にとっても指導者にとっても大きなストレスだ。しかし、その理由は意外と単純ではないかと思う。

　指示内容の「3W1H」が明確でないから、具体的な動作に移せない。

　本書では、「3W1H」を次のように定義する。

本書で使用する「3W1H」の定義

・「**When** 」… どのタイミングで、

・「**Where**」または「**What** 」… どの部分を、

・「**How** 」… どのように、動かすのか？

・「**Why** 」… なぜ、そうすべきなのか？

　例えば、よく使われる言葉に、まえがきでも挙げた「**肩の力を抜け**」がある。

　これは、初級者にとって難しい言葉の1つだ。完全に肩の力を抜いてしまったら運動は成り立たない。肩のどの部分を、どのタイミングで力を入れるのか、あるいは抜くのか？　それが具体的に示されなければ、動作を改善することはできないだろう。

　「**スナップを効かせろ**」もよく言われるが、そもそも「スナップ」とは何か？　『スーパー大辞林3.0』（三省堂）によると、「スポーツなどで、動作

の瞬間にはたらかせる手首の力」となっている。辞典の文字通り解釈すれば、「手首の力を入れろ」ということになるが、それで正しいのか？　用語の定義さえ曖昧だったり、根拠が不明確だったりすれば、その指示は役に立つどころか混乱させるだけである。

「**体重移動**」という言葉もよく使われる。しかし、一歩踏み出せば誰もが簡単に体重移動できる。力学的に意味のある体重移動とはどのようなものか？　うまい人の体重移動とへたな人の体重移動は何が違うのか？

スポーツバイオメカニクスでは、体の基幹側から運動が伝わり末端が加速する現象を、「**運動連鎖**」や「**ムチ動作**」と呼ぶ。しかし、運動連鎖やムチ動作を実現する力学的メカニズムは何なのか？　運動連鎖を効果的に行うためにはどうすれば良いのか？　この言葉だけでは、具体的に何も伝わらない。

このように、指導や運動理論の用語や説明を一つ一つ見ると、「3W1H」が明確なものはほとんどない。When・Where・Howが示されなければ、具体的な動作に移せない。Whyが明確でないと、何を意識して運動すれば良いか分からないし、それ以前に指示内容の根拠が分からない。

■ 1.2
熟練者にもある「感覚と実際の乖離」

運動に対する人間の直観は当てにならない：ヨットの例

指示内容の「3W1H」が明確でないのは、**指導者が技術を感覚でしか理解していないから**である。それは、感覚をどう言葉にするかという表現上の問題だけではない。指導者が自分では正しい運動をしていても、誤った

感覚で理解していることさえある。

　それは、運動に対する人間の直観が当てにならないことに起因する。身体運動ではないが、わかりやすい例として**ヨットが進む原理**を考えよう。多くの人が、次のような素朴な疑問を持たれるのではないだろうか（図1.1）。

【疑問2】に対する答えは、**多くの状況において横風**である。

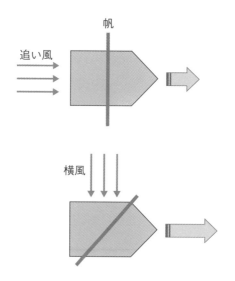

[図1.1] ヨットは、追い風より横風のときの方が速く走る

2.1節 (30ページ) で説明するように、その理由は実験をしなくても論理的に導くことができるのである。しかし、物理学的な考察または知識がない限り、ほとんどの人が追い風と考えるのではないだろうか。

　運動に対する人間の直観的認識には限界があり、それを補うのが物理学である。

素朴な運動と合理的運動の乖離（かいり）が上達を妨げる：剣道の例

　人間の直観が非合理的な運動を導くことは、身体運動でも起こる。具体例として、筆者らが**剣道の面打ちについて発見した結果** [3.4] を紹介する。図1.2のように、竹刀（しない）の下端Aを左手で、少し上のBを右手で持ち、「瞬間的に」力を加えて先端Cを前方に加速させる。それぞれの力をどの方向に加えたとき、Cの加速度は最大になるか？　ただし、問題設定を明確にす

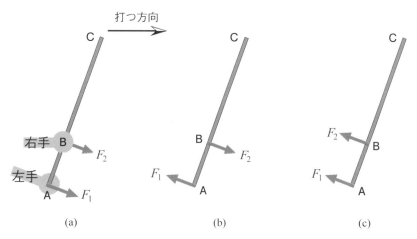

(a)　　　　　　　　　(b)　　　　　　　　　(c)

[図1.2] 竹刀の下端Aを左手で、少し上のBを右手で持ち、瞬間的な力を加えて先端Cを前方に加速させたい。2点A、Bにそれぞれ力をどの方向に力を加えたときに、先端Cの加速度は最大になるか？

るため、次の仮定をおく。

　直観的にイメージしがちなのは、両手で押す（a）ではないだろうか。しかし、A、B共に前方の力を加えると、Cは反対向きに動くことがわかる。

　実際に多くの人がするのが、右手で押し、左手で引く（b）の運動である。左手を支点にする回転運動も、右手を支点にする回転運動も、これに含まれる。この場合、Cは前方に加速されるが、左手と右手が反対向きに力を加えるため、力の一部が相殺して効率が悪い。

　正解は（c）である。左右の手で竹刀を「引く」とき、先端Cの加速度は最大になるのである。

　誤解のないように補足すると、実際の面打ちでは竹刀の先端から相手の

[図1.3] 面打ち動作における初級者（左）と熟練者（右）の竹刀の軌道（論文 [4] から引用）

面まで距離があるため、前に竹刀を運ぶ必要がある。上記の問題設定は、竹刀を前に運んだ後の打突直前の局面に対応する。

　図1.3は、熟練者と初級者の面打ち動作である。初級者は左手を中心とする円運動に近い。つまり、右手で前に、左手で後にという（b）タイプの力の加え方を、打突の瞬間まで続けている。一方、熟練者の竹刀の軌道は全く異なる。**小さく振り上げた後、竹刀を回転させることなく前に出し、打突の直前に両手が上がっている**。まさに、（c）タイプの力の加え方である。

　この結果を日本武道学会の大会や論文[4]、そして外国のセミナーで発表したところ、有段者や専門家の反応は概して次のようなものだった。

「意識した事はなかったが、言われてみればその通りだ。たしかに打突直前に両手は上がる」

　熟練者の多くは（c）タイプでありながら、**そのことを認識していなかった**のである。正しい動作ができても、それを正しく理解していなければ、他の人に技術を伝えられるはずがない。実際、剣道の稽古では大きく振り上げ振り下ろす素振りが繰り返され、**「コンパクトに竹刀を前に出し、両手を上げる」という合理的な動作を伝える指導者はほとんどいない**ようである。

▌熟練者にもある「感覚と実際の乖離」

以上の事例などから、身体運動全般に対して次の教訓が得られる。

　「身体運動」に関する教訓

・運動に対する人間の直観は当てにならない。素朴な感覚である

運動と合理的な運動に乖離があることが、練習しても上達しない主な原因になっている。

・更に、指導者もその乖離に気づいていない場合が少なくない。自身は無意識に合理的な運動を習得しているため、その技術を言葉で伝えることができないのである。

■ 1.3
「科学的に分かること」に対する誤解

なぜ運動の力学的メカニズムが
解明されなかったのか？

　これまでの指導法・運動理論には何が欠けていたのか？　この問いに対し、2つの理由を提示した。「**指示内容の3W1Hが明確でないこと**」と「**熟練者にもある感覚と実際の乖離**」である。

　その解決策は単純だ。運動の力学的メカニズムが分かれば良い。そうすれば、動作のポイントを「3W1H」で具体的に説明することができるし、感覚とのずれも認識することができるからだ。

　しかし、多くの方はきっと次の疑問を抱くだろう。

　「動作の科学的研究は多数ある。**力学的メカニズムは既に解明されているのではないか？**」

　まえがきでも述べたように、筆者もはじめはそう思い、バイオメカニク

ス関係の文献を調べた。

　しかし、従来の研究の大部分は実験データを提示するもので、結局何が重要なメカニズムなのか、どうすれば上達するかについては、ほとんど答えていなかったのである[1.2]。

　その理由は何か、筆者もすぐにわからなかった。しかし、その後、理論研究の論文を体育系学会誌に投稿してみると却下が続き、査読者からのコメントを見て、**体育学・スポーツ科学の「常識」**がわかってきた。

「スポーツ科学とは実験による数値化が基本である」
「理論は仮説に過ぎないので、実験で数値的に検証しなければ科学とは言えない」
「理論研究としてはシミュレーション研究がすでにあり、それで十分である」

　なるほど、従来のスポーツ科学では**運動の「数値化」が基本**であり、**そのための実験またはシミュレーションのない研究は研究として認められていなかった**のだ！

シミュレーション（数値実験）では なぜ不十分か？

　シミュレーションとは、現実に近い複雑なモデルの運動方程式をコンピューターで計算することである。

　一方、筆者が取り組んでいる理論研究とは、**比較的単純なモデルを用いて、コンピューターを使わず論理的に理解を積み上げていくこと**である。シミュレーションは、広義の理論研究の1つであるが、様々なパラメーターを調整しながら結果がどう変わるかを見ることなど実験的要素が強いため、「数値実験」という理論・実験に次ぐ第3の手法と言われることもあ

る。一見すると、複雑なモデルについてコンピューターで計算できるのであればそれで十分でないか、と思われるかもしれない。

　実際、近年のコンピューターの著しい進歩の影響もあって、コンピューターが出す結果こそが正しく意味があると考える人が増えている。大学でも、AIやデータサイエンスというキーワードを含む教育・研究がトレンドとなっている。しかし、どんなにコンピューターの性能が上がろうと、**コンピューターが出した結果だけで十分ということはない。**

　この原稿を書いている最中の2020年8月20日、将棋の藤井総太棋聖が王位戦第4局に勝利し、二冠獲得と八段昇段を最年少で達成した。その第4局の封じ手「8七同飛成」は、解説者の予想を覆す一手だったが、AIの予想と一致していた。AIが常に最善手を示すとすれば、棋士による解説はもう必要ないのだろうか？

　そんなことはない。AIの「8七同飛成」という結果だけを見ても、私達にはその意味と正当性が分からない。AIの結果について、棋士が「一手一手の読み」に基づいて論理的に検証し、解説してもらってはじめて、私達は「なるほど」と納得するのである。

　シミュレーションは実験と同様に、ある条件下で何が起こるかという「答え」を示してくれる。しかし、AIが示す最善手と同様に、**人間が論理的に検証しない限り、私達はその答の正しさを納得し、その意味を理解することはできない。**

　物理学において、**将棋の一手一手の読みに対応するのが理論研究**である。物理学的理論研究とは、物理法則に基づいて、単純なモデルから段階的に理解を積み重ねていくことである。ある現象を物理法則から論理的に説明できたとき、物理学者は**「科学的に分かった」**と納得するのである。

理論研究を軸とする新しい研究方法

　スポーツ動作に関する従来の研究方法を、図1.4（a）に模式的に示した。その特徴は次の２つである。

> **従来のスポーツ動作の科学研究の特徴**
>
> ・科学的研究では理論研究がほとんどなく、実験とシミュレーションに偏っている。
>
> ・自然科学的研究と指導法の研究が、ほとんど切り離されている。

　前者については既に述べてきた通りで、異論の余地はないだろう。一方、後者については少し説明が必要だ。

　スポーツ動作に関する自然科学的研究とは、本来、スポーツの実践や指導に活かすためにあるはずだ。そして、自然科学的研究を行っている研究者も、研究成果が実践や指導の基礎になっていると思っている。

　しかし、指導者や指導法の研究者に話を聞くと、自然科学的研究が役に

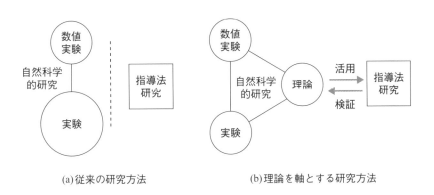

（a）従来の研究方法　　　　　（b）理論を軸とする研究方法

[図1.4] スポーツ動作に関する研究方法の模式図

立つと思っている人はほとんどいないのだ。自然科学的研究とは実験室の世界で、スポーツ指導の現場とは別次元のものと捉えているようなのである。事実、主な体育系学会の大会では、自然科学的研究と指導法（コーチング）のセッションが明確に分けられている。

では、これまでの動作に関する自然科学的研究、すなわちバイオメカニクスには何が欠けていたのだろうか。競技者も指導者も、**知りたいのは実験データではなく、運動の「3W1H」、特に「why：なぜそうするか」である**。実験もシミュレーションももちろん重要である。しかし、運動法則から論理的にメカニズムを説明する理論研究という軸がないと、実践や指導に活かしようがない。したがって、科学的なスポーツ動作の研究とは図1.4（b）のような形でなければならない、と著者は考える。ポイントは次の2つである。

科学的なスポーツ動作研究のポイント

①実験・数値実験だけでなく、力学法則と単純なモデルに基づいて一つ一つ理解を積み上げる理論研究が不可欠である。

②科学的研究の目的は実践に役立つ知見を得ることである。理論や実験といった研究で閉じるのではなく、実践や指導に役立つかどうかによって検証されなければならない。

なぜスポーツ科学では理論研究の重要性が見落とされていたのか？

では、なぜスポーツ科学では長年、理論研究の重要性が見落とされていたのか？　これは意外と単純ではなく、様々な理由が絡み合っているように思われる。

（1）生物医学系研究分野の影響

　物理学では数式で記述される確立した法則が幾つかあり、それに基づいて論理的に結論を導く理論研究が実験研究と同等に両輪とされている。一方、生物医学系では数式で記述される確立した法則はほとんどなく、**実験がほぼ唯一の研究方法**である。初期のスポーツ科学は生物医学系の影響を主に受けたため、実験のみに基づく研究が定着したものと思われる。

（2）「ニュートン力学は分かりきっている」という思い込み

　ニュートンの運動法則は、物理学の中で例外的に単純で、誰もが容易に理解できる。ある程度勉強すると「基本的なことは分かった」と思いがちである。そのため、研究としてやるべきことは実験とシミュレーションだけである、と思ってしまうのではないだろうか。「力学はもう分かった」という思い込みは、スポーツ科学者だけでなく、物理が得意な高校生から物理学者まで、様々なレベルで広まっている。

　ここで見落とされがちなのは、**法則を理解することと、その法則から導かれる多様な現象を理解することは、全く別物**であることである。それは、将棋のルールを理解することと、そのルールから展開される無数の手順を理解することは、全く別物であることと同じである。

（3）「理論は実験で検証されるべきである」という呪縛

「**理論は実験で検証されるべきである**」とよく言われるが、それは、科学を数十年・数百年というタイムスケールで見た場合の話である。決して、一個人（またはグループ）の研究、1編の論文についてのことではない。

　例えば、アインシュタインが一般相対論を発表した1915年当時、それを裏付ける観測事実は知られていなかった。一般相対論が予言する重力波がはじめて検出されたのは、ちょうど100年後の2015年である。一般相対論が予言するブラックホールの像が電波で観測されたのが、更に4年後の2019年である。もし、実験的に検証されていない理論研究の論文が「科学

的でない」として認められなかったら、**アインシュタインの一般相対論の論文が世に出ることも、物理学が発展することもなかっただろう。**

　意外と誤解している人が多いが、**1つの実験で「理論が検証される」ことはあり得ない**。実験の妥当性・信頼性を検証する事こそ極めて困難である[2]。ある理論が多くの研究者の独立な実験と矛盾しないという結果が積み重なっていったとき、「どうやらその理論は確からしい」という認識が少しずつ共有されるものである。

「理論を構築する」ことも「理論を実験で検証する」こともそれぞれ一朝一夕にはできないからこそ、物理学は理論研究に専念する人と実験研究に専念する人の分業によって発展してきた。

　これに対してスポーツ科学では、一つ一つの論文に対して「理論は実験で検証されるべきである」と考えられている。実際、これまで理論研究論文を何度か投稿した際には、そのようなコメントを複数の査読者だけでなく編集委員長からも頂いた。

　実験のない理論のみの論文は、「実験で検証していない」という理由で却下される。一方、理論のない実験のみの研究は、一定の条件を満たせば問題なく掲載される。それでは、**研究業績を必要とする若い研究者が誰も理論研究をしようとしなくなるのは明らか**だ。

（4）スポーツ競技団体の文化の影響

　スポーツ競技団体では、ルールを遵守すること、審判の判定を尊重すること、指導者や先輩を敬うことが規範とされる。

　これらの規範はスポーツ競技において重要であると共に、一般社会においても多くの場面で重要である。しかし、自然科学研究の方法とは、これらの規範とは対極にある。

　本来自由である自然科学とは対照的に、**「科学研究とはこうあるべし」**という決まった考え方を頑なに守ろうとするスポーツ関係の学会は、スポーツ競技団体の文化と無関係ではないように思えてならない。

> **本来の「自然科学研究」とは？**
>
> ①自然科学研究では、一般的な倫理に反しない限り、決まったルール（研究方法）はない。
>
> ②研究成果に対する評価は、審判（特定の権威者）が即断するのではなく、多くの研究者が長い年月をかけてゆっくりと下していく。
>
> ③自然科学研究は、伝統的な考え方や定説を覆すことを常に目指している。

■ 1.4
本書で明らかになる 12 の疑問

▌投球動作についてよくある 12 の疑問

　本章の最初に述べたように、投球動作に関する格言・理論は多数あるが、その多くはその具体的な意味や根拠がはっきりしない。ここで、**投球動作についてよくある 12 の疑問**を挙げる。

> **本書で明らかになる「投球動作 12 の疑問」**
>
> ①「肩の力を抜け」とはどこの力を抜くのか？ (4.6／p103)
>
> ② なぜ「肘を下げるな」というのか？ (4.6／p103)
>
> ③「スナップを効かせろ」とは？ (4.6／p103)

④ リリース直前の「内旋・回内」の意味は？ (4.2、4.3／p88、p93)

⑤ なぜ頭の後ろで「丸」を描くのか？ (4.4／p96)

⑥ なぜ「ヒップファースト」か？ (5.1／p112)

⑦ なぜ脚を高く上げるのか？ (5.2／p115)

⑧ 「体重移動」の本当の意味は？ (5.3／p118)

⑨ なぜ上半身を投球方向と反対に傾けるのか？
(5.2、5.4／p115、p124)

⑩ 軸脚は地面を蹴るのか残すのか？ (5.5／p126)

⑪ グラブ腕は引くのか止めるのか？ (5.6／p130)

⑫ なぜ「体を開くな」というのか？ (5.6／p130)

　本書では、投球動作の力学的メカニズムを明らかにすることによって、**これらの疑問に対する答えも導いている**。その答えはカッコ内の節に書かれているので、答えをすぐに知りたい読者はそこを先に読まれても構わない。しかし、その正確な意味と根拠を理解するために、**第2章・第3章もその後で是非読んで頂きたい**。

【第二章】

運動の
メカニズムを解明する
理論物理学的方法

■ 2.1
現代科学に通ずるデカルトの方法

┃ヨットの力学

運動のメカニズムを考える例として、**1.2節で挙げたヨットの原理**を考えよう。

> ヨットの原理に関する疑問
>
> **【疑問1】**ヨットはなぜ、追い風だけでなく横風を受けて進むのか？
>
> **【疑問2】**ヨットは追い風と横風のどちらのときに、より速く走るのか？
> それはなぜか？
>
> (16ページ、再掲)

この基本的な疑問に答えるためには、どのような研究をすれば良いだろうか。従来のスポーツ科学の考え方に従えば、実験またはコンピューターシミュレーションをすることになる。

実験をすれば、たしかに「ヨットは横風で進む」ことがわかる。適切な流体力学モデルを設定してシミュレーションをすれば、「ヨットは追い風のときより横風のときの方が速く進む」ことも確認できるだろう。しかし、それで「**メカニズムを理解した**」ことになるだろうか。実験とシミュレーションをいくら繰り返したところで、**現象が再現されるだけで何も分かったことにはならない**。

これは、1.3節で例に挙げたコンピューター将棋と同じだ。コンピューターが最善手を示しても、その意味が分からなければ「なるほど」とはならない。その手の意味をプロ棋士が「一手一手の読み」によって論理的に示したとき、はじめて私たちは納得し、活用できる知識となるのである。

運動のメカニズムを理解するためにまず必要なのは、私たちが論理的に理解できる「一手一手の読み」である。ニュートンの運動法則に基づいて、**ヨットが横風で進むメカニズムを一手一手の読みで説明してみよう**（図2.1）。

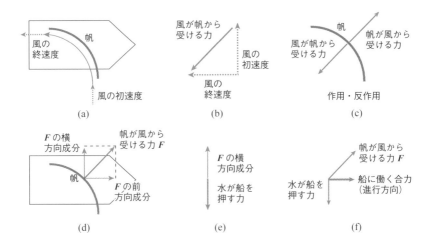

[図2.1] ヨットが横風を受けて前に進むメカニズム

ヨットが横風で進むメカニズム

(a) ヨットの横から来た風は帆に沿って進み、最終的にはヨットの後方向きになる。

(b) 風が帆から受ける平均の力は、ヨットの初速度と終速度のベクトル差に比例する。（運動方程式）

(c) 帆が風から受ける力は、風が帆から受ける力に対して、大きさが同じで反対向きである。（作用・反作用の法則）

(d) 帆が風から受ける力は、ヨットの進行方向成分と横方向成分に分けて考えることができる。（力の分解）

（e）ヨットは構造上横にはほとんど動かない。ということは、風が帆に横向き
に加える力と釣り合う力が水からヨットに働いている。（作用・反作用の
法則と力のつり合い）
（f）風の力と水の力の合力がヨットを推進する力となり、その方向にヨットは
進む。（力の合成と運動方程式）

　同様の議論から、「ヨットは風上に進むことができるか？」という疑問に
ついても論理的に答えることができる（正確に言うと、風に対して真向か
いに進むことは不可能だが、最大45°の角度で斜めに進むことはできるの
で、ジグザグの進路をとることにより風上に進むことができる）。

　次に、【疑問2】について考えてみよう。風というのは空気分子の運動で
ある。ヨットが追い風を受ける場合、ヨットの速度が風速に達すると、空
気分子はヨットを押すことができなくなる。一方、ヨットが横風を受ける
場合、ヨットの速度と関係なく、空気分子はヨットに力を加え続ける。こ
のことから、**「ヨットが風速を超えて進めるのは横風を受けるときだけで
ある」**という結論に至る。
　今の議論で注目してほしいのは、**数値を１つも使っていないこと**だ。科
学というとまず「数値化」と考える人が多いようだが、数値は手段の１つ
に過ぎない。**多くの現象の仕組みは、基本法則と論理、すなわち一手一手
の読みによって、数値を使うことなく説明できる**のである。

┃デカルトの「方法序説」

　図2.1で説明したヨットの基本原理について、「なるほど」と納得される
方もおられれば、「この程度の基本的なこと常識だよ」と言われる方もおら
れるだろう。たしかに、ヨットの基本原理はよく知られた事実で、多くの

本やインターネットでも紹介されている。

　しかし、身体運動においては「この程度の基本的なこと」が理解されていないのだ。だから、いくら実験データを見せられて、これが科学的結果だと言われても、何も分かった気がせず、実践に活かしようがないのである。そこで本書では、**運動法則から論理的に導かれる「基本原理」の構築**から出発する。筆者は、実験やシミュレーションを否定しているのではない。基本原理を押さえた上で、それを確認したり、具体的な状況における詳しい情報を得たりするために、実験やシミュレーションをしたりするのであれば、それは大変意味のあることだ。

「運動法則に基づいた理論的考察から出発する」という考え方は、これまでのスポーツ科学にはなかったが、自然科学においてはごく普通の考え方である[1,2]。実は、約400年前に**デカルトが著書『方法序説』の中で述べていること**なのである[5]。デカルトは、**真理の探究のための4つの規則**を次のように定めた。

真理の探究のための4つの規則

（ⅰ）明らかに真であると認めるもの以外は受け入れないこと。
　　　（明証の規則）

（ⅱ）検討する問題を、できるだけ多くかつ必要な小部分に分割すること。（分析）

（ⅲ）最も単純で最も認識しやすい対象から始めて、少しずつ段階を踏み、複雑なものに達すること。（総合）

（ⅳ）全体に渡る見直しをして、何も見落とさなかったと確信すること。（枚挙）

このままでは抽象的でややわかりにくいかもしれないので、これを少し噛み砕き、身体運動の研究に当てはめると次のようになる。

（ⅰ）前提

身体運動の場合、明らかに正しいと認められるものは、**ニュートンの運動法則に他ならない**。したがって、これを前提としてそれ以外は受け入れない。つまり、仮に運動法則に矛盾する実験データが得られたとしたら、まず実験データを疑わなければならない。この運動法則については2.2節で説明する。

（ⅱ）分析

「分析」という言葉の意味は広いが、ここでは「**分割・単純化**」することである。身体運動の場合、分析する対象は2つある。それは「**人体の構造**」と「**人体に働く力**」である。それぞれ、2.3節と2.4節で説明する。

（ⅲ）総合

前腕や上腕という人体の各部位は**剛体（力を加えても変形しない物体）**で近似できるため、人体を構成する最も基本的な要素は単一の剛体棒になる。そこで、単一の剛体モデルや2剛体連結モデルの力学を徹底的に調べ、高速運動を生み出す基本メカニズムを洗い出す。その結果を7つの基本メカニズムとしてまとめ、第3章で説明する。次に、その基本メカニズムの組合せによって、一見複雑な投球動作のメカニズムを理解する。それが第4章・第5章である。

（ⅳ）確認と検証

理論的な見落としがないかを確認すると共に、実験・実践で検証する。本書で紹介する理論はある程度検証済であるが、**検証に終わりはない**。今後の研究でも検証を続けていく。

デカルトというと、「過去の哲学者」「古い考え方」というイメージを持たれるかもしれないが、その考え方は色あせることなく現在の科学的研究に生きている。しかし、方法序説を一部でも読んだことのある研究者は意外と少ないのではないだろうか。ハイテクの実験装置やコンピューターに依存しがちな現代においてこそ、科学の基礎をなすデカルトの考え方を見直した方が良いかもしれない。

■ 2.2
前提：ニュートンの運動法則

▌あらゆる力学現象を支配するたった3つの法則

ニュートンは、**全質量が1点に集中し大きさを持たない「質点」**という概念を導入した。そして、質点の運動に関する性質を以下の3つの法則の形にまとめた。

> ニュートンの運動法則
>
> **・第1法則（慣性の法則）**：質点は力の作用を受けない限り、運動を変えない。静止している質点は静止し続け、運動している物体はそのまま一定の速度で運動し続ける。
>
> **・第2法則（運動方程式）**：質点に生じる加速度は物体に作用する力に比例し、質点の質量に反比例する。質点の質量をm、加速度を$\vec{a}$、作用する力を$\vec{F}$とすると、第2法則は次のように表現される。

$$\vec{a} = \frac{\vec{F}}{m} \tag{2.1}$$

・第 3 法則（作用・反作用の法則）：ある質点 A が別の質点 B に力を及ぼすとき、B は A に、同一作用線上にある大きさが等しく逆向きの力を及ぼす。A が B に及ぼす力を $\vec{F}_{AB}$、B が A に及ぼす力を $\vec{F}_{BA}$ とすると、第 3 法則は次のように表現される。

$$\vec{F}_{AB} = -\vec{F}_{BA} \tag{2.2}$$

　驚くべきことに、たったこれだけの言葉で記述されるニュートンの運動法則が、**人間の動作から天体の運動までの全ての力学現象を支配している**のである。

　ここで、第 1 法則が成り立つ座標系を「**慣性系**」と呼ぶ。現実には、地球上どころか宇宙のあらゆる場所に重力が働いているので、「力の作用を受けない」状態は存在せず、厳密な意味での慣性系は存在しない。しかし、仮想的に慣性系の存在を仮定したのが第 1 法則であり、それが第 2 法則の前提になっている。つまり、**慣性系でのみ第 2 法則は成り立つ**。ただし、具体的な力学の問題で慣性系という場合、重力の存在は無視して、静止または等速直線運動している実験室等を慣性系と見なすことが多い。本書でも同様に、**加速運動せず地上で静止している座標系を慣性系と呼ぶ**。

　数年前、ある体育系の学会で筆者が剛体モデルによる剣道動作の考察を発表した際、「そのモデルでは質点をどこに置いているんですか」という質問があった。「剛体モデルを考えているので、質点を 1 箇所に置いているわけではありません」と答えても、納得されなかった。

　これはよくある誤解だ。ニュートンの運動法則は質点を対象としている

ため、質点を1個または数個置いた限られたモデルしか扱えないと思われがちである。

　実際には、質点の運動法則によって、自然界のあらゆる物体の運動を記述することができる。というのは、私達の身体を含むあらゆる物体を分割していくと、**最終的に大きさを持たない素粒子という質点に帰着するから**だ。ただし、素粒子1個1個について運動方程式を立てるわけではない。ベクトルを含む微分積分という便利な道具を使うと、**質点の運動法則から広がりのある物体の運動法則を数学的に導出することができる**のだ。具体的には、大きさを持つが形を変えない剛体の運動方程式、大きさを持ち変形すると元の形に戻ろうとする弾性体の運動方程式、水や空気のように自由に形を変える流体の運動方程式などが導かれる。

ニュートン力学の落とし穴

　ニュートンの運動法則は極めて単純で、誰もがわかる言葉で書かれている。したがって、力学を勉強して演習問題がある程度解けるようになると、「力学は分かった」と思いがちである。力学的に研究することがあるとすれば実験とコンピューターシミュレーションだけ、と考える人は研究者の中にも多い。**そこに落とし穴がある**。

　再び将棋を例に挙げよう。将棋のルールは比較的単純で、興味さえあれば誰でも簡単に覚えることができる。しかし、その単純なルールの下で、驚くほど多様で複雑な世界が開けている。一流の棋士達が長年研究し続けても、わからない問題が無数に残されている。**「将棋のルールを知っている」ことと「将棋が分かる」ことは全く別物**だ。

　この状況は力学にそのまま当てはまる。ニュートンの運動法則は単純で、誰もが簡単に理解することができる。しかし、その単純な法則の下で、驚くほど多様で複雑な世界が開けている。教科書にある演習問題は解きやすくアレンジされた特殊例だ。自然界や身体に関する力学現象には、手つ

かずの問題が無数に残されている。**「運動法則を知っている」**ことと**「力学が分かる」**ことは全く別物だ。

　しかし、力学を学んだ人の多くは「力学は分かった」と思い込み、運動法則を出発点にした論理的な考察を怠っているように見える。そして、本や論文に書いてあることは、自分で検証することなく正しいと信じて疑わない。その結果、一旦間違った考え方が浸透してしまうと、なかなか見直すことができないという状況が起こっている。その具体的な事例は3.7節で紹介する。

■ 2.3
分析１：人体の構造のモデル化

▎最も基本的な要素は１つの棒

　前節で述べたように、**運動のメカニズムの出発点は分析（分割・単純化）**であり、**分析の対象は「人体の構造」と「人体に働く力」の２つ**である。この節では、前者の人体の構造をどう分析しモデル化するかを説明する。

　まず、人体の前腕や上腕という各部位を剛体棒（変形しない棒）で近似し、それを連結して体全体を構成する剛体連結モデルを考える。剛体近似といっても、体の弾性を完全に無視するわけではない。剛体近似によって人体各部位の運動を求めた上で、骨格の変形による弾性等を考慮する必要がある場合は、その効果を別に検討すれば良い。

　剛体連結モデル自体はバイオメカニクス研究で従来採用されているが、従来と異なる新しい考え方が２つある。１つは、**単一の剛体棒モデルから出発し、段階的に複雑なモデルを考えること**。従来のバイオメカニクスで使われる剛体連結モデルとは、人体を模した複雑なもので、「剛体リンク

モデル」と呼ばれている。しかし、デカルトが提唱するように、科学的真理に近づくためには例外なく、**単純なモデルから出発し、段階的に理解を積み重ねていかなければならない**。

　もう１つの特徴は、次に説明する**上肢の定義の拡張**である。

従来の剛体リンクモデルの問題点

　図2.2（a）は人体構造の概略図である。上肢は片腕につき手・前腕・上腕の３つの部位と、手首関節・肘関節・肩関節の３つの関節からなる。下肢は片脚につき足・下腿・大腿の３つの部位と、足関節・膝関節・股関節の３つの関節からなる。バイオメカニクスで剛体リンクモデルと呼ばれる

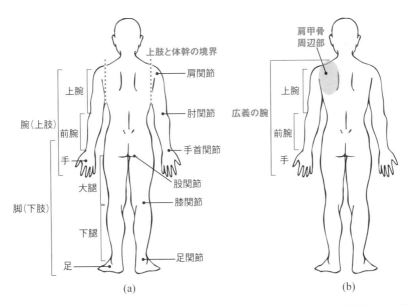

(a)　　　　　　　　　　　　　　　(b)

[図2.2] 人体構造の概略図。(a) 解剖学で定義されている各部の名称。手から肩関節までを腕、それより体の基幹側を体幹と定義している。(b) 筆者が定義した、肩甲骨周辺部までを含む「広義の腕」と「肩甲骨周辺部」。

ものは、多くの場合この区分に従い、上肢・下肢の形12個の部位と体幹・頭部をそれぞれ剛体と見なしている。

しかし、このモデルには重大な問題点がある。それは、**肩甲骨を体幹の一部と見なし、その可動性を無視している**点である。

肩甲骨周辺部の構造を示した図2.2 (b) を見て頂きたい。肩甲骨と体幹の骨とは鎖骨を回して胸部でつながっているが、直接つながっていないので、**肩甲骨は体幹に対してかなり自由に動く**のである。したがって、肩甲骨周辺部を上腕・前腕と同様に独立した部位として記述しなければ、投球動作の本質を見落とす可能性がある。

これまでの剛体リンクモデルで肩甲骨周辺部の可動性を考慮しなかった理由はおそらく、体幹との境界が明確でないこと、前腕や上腕のような部位を表す名称がなかったことに起因すると思われる。

本書では、この肩甲骨と共に動く部位を「**肩甲骨周辺部**」と呼び、図2.2 (b) に示すように、手から肩甲骨周辺部までを「**広義の腕**」と定義する。

肩甲骨の構造について、可動域が大きいことに加えてもう1つ重要な点がある。それは、図2.3に示すように、自然な状態では、真横ではなく斜めを向いていることである。具体的には、**両肩を結んだ直線に対して30〜35°を向いている**。したがって、肩甲骨の向きに腕を伸ばすと、腕全

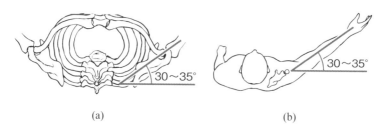

(a)   (b)

[図2.3] 肩甲骨周辺部の構造。(a) 両肩を結んだ直線に対して、自然な状態にある肩甲骨は30 〜 35°を向く。(b) (a) に対応して、自然な状態にある肩甲骨の向きに腕を伸ばすと、腕は両肩を結んだ直線に対して30 〜 35°を向く。

体が両肩を結んだ直線に対して30〜35°を向くことになる。この性質は第4章の議論において重要になる。

　本書で用いるその他の用語を確認する。日常用語では、脚部全体を「足」と表すこともあるが、本書では**「脚」は脚部全体**、**「足」は足首から先の部分**を表すものと、使い分ける。

　投げる方の広義の腕を**「投球腕」**、他方の広義の腕を**「グラブ腕」**、投球腕側の脚を**「軸脚」**、他方の脚を**「踏み出し脚」**と呼ぶ。

▐「準内旋」と「準回外」の定義

　腕の運動を表現するための用語として、上腕の**「内旋」「外旋」**と前腕の**「回内」「回外」**を、図2.4のように定義する。

　これらは解剖学の慣例にならっているが、1つ注意が必要である。本によっては、「上腕を鉛直に下ろし肘を直角に曲げた状態（つまり**小さい前ならえの形**）で」という条件付で、内旋・外旋を定義しているものもある。おそらく、この形を基準にしたことが理由で、前腕が体幹に近づく場合を「内旋」、遠ざかる場合を「外旋」と呼んだものと思われる。しかし、その

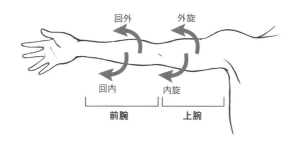

[図2.4] 上腕の「内旋」「外旋」と前腕の「回内」「回外」の定義

ような限定的な定義では投球動作を表現できないので、本書では、上腕と前腕の位置によらない下記の定義を採用する。

「腕の運動用語」の定義

- **内旋**…肩関節を支点に、上腕を長軸の周りに、肩から見て反時計回りに回転させる動き。
- **外旋**…肩関節を支点に、上腕を長軸の周りに、肩から見て時計回りに回転させる動き。
- **回内**…肘関節を支点に、前腕を長軸の周りに、肘から見て反時計回りに回転させる動き。
- **回外**…肘関節を支点に、前腕を長軸の周りに、肘から見て時計回りに回転させる動き。

　以上は既存の用語であるが、本書では、投球腕の運動を議論する上で必要な用語をあと2つ定義する。

- **準内旋**…内旋に近いが、上腕の長軸に対して回転軸が傾いている上腕の回転。
- **準回外**…回外に近いが、前腕の長軸に対して回転軸が傾いている前腕の回転。

股関節周辺の構造と「内旋屈曲（ないせんくっきょく）」の定義

　股関節周辺を図2.5に示す。**股関節とは骨盤（こつばん）と大腿骨（だいたいこつ）を接続する関節**で

ある。股関節は様々な方向に回転するが、その中で「内旋」「外旋」と「屈曲」「伸展」は次のように定義されている。

「股関節の運動用語」の定義

- **内旋**…骨盤に対して大腿骨を長軸周り内側に回転させる動き。
- **外旋**…骨盤に対して大腿骨を長軸周り外側に回転させる動き。
- **屈曲**…骨盤に対して大腿骨を上に曲げる動き。
- **伸展**…骨盤に対して大腿骨を伸ばす動き。

　これらに加えて本書では、「内旋」と「屈曲」の中間にあり、**骨盤と大腿骨が垂直に接した状態で回転する股関節の動きを「内旋屈曲」と定義**する。この垂直な状態を保った回転が最も構造的に安定で、かつ力がロスなく伝わる。投球動作だけでなく、**様々なスポーツ競技の動作において、こ**

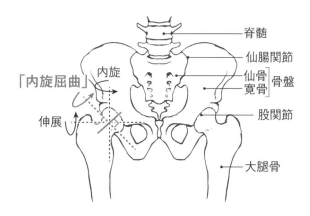

[図2.5] 股関節周辺の構造。股関節とは骨盤と大腿骨を接続する関節である。本書では、「内旋」と「屈曲」の中間にあり、骨盤と大腿骨が垂直に接した状態で回転する股関節の動きを「内旋屈曲」と定義する。

の内旋屈曲は重要であると思われる。

　なお、骨盤は1枚の骨ではなく、主に中央の仙骨とその両側の寛骨から構成されている。股関節を内旋屈曲させると、仙骨と寛骨を接続する仙腸関節もわずかに動く。ただし、仙腸関節の動きは股関節の動きに比べて微小なので、特に意識する必要はない。

■ 2.4
分析2：人体に働く力の分類

┃力の正体・力の分類

　スポーツのためのトレーニングの多くは、筋力をつけることを目的とする。実際、筋力が強ければ、スポーツをする上でのアドバンテージになる。しかし、筋力があまりなくても野球のうまい人もいれば、その逆もある。それはなぜか？

　実は、身体運動に関わる力は筋力だけではない。**身体運動を理解するための出発点は、力の正体を知ること**である。身体運動においては様々な力が複合的に働いているが、それらは**外力・内力・慣性力**の3種類に分類される。

(1) 外力
　体の外側から働く力を「外力」と呼ぶ。外力には、地球から体全体が受ける「**重力**」、地面から足が受ける「**垂直抗力**」「**摩擦力**」がある。そして、この3つの力の**合力が、体全体を前方に押し出す大きな力となる**。重力については、3.1節で詳しく説明する。

(2) 内力

体の内部の筋肉や骨格の間で相互に働く力を「内力」と呼ぶ。内力の1つが「筋収縮による力」で、通称「筋力」と呼ばれる。しかし、内力はそれだけではない。筋肉を伸ばしたりひねったりすると、元に戻ろうとする力が自然に働く。これを「復元力」または「弾性力」という。

筋肉に働くという点では筋収縮による力と同じであるが、力を入れたときではなく脱力しているときに働くことが大きな違いである。また、筋肉だけではなく、筋肉と骨をつなぐ「腱」にも復元力が働く。復元力については、3.6節で詳しく説明する。

体の内部では様々な骨格や筋肉が連結している。ある部分に力を入れると、その力と反作用が筋肉・骨格を伝搬することによって、**思いもよらない方向の力が生まれる**ことがある。この「思いもよらない力」は、目的に対してプラスに働くこともあればマイナスに働くこともある。作用・反作用については、3.5節で詳しく説明する。

なお、ここでは体全体を注目対象として内力と外力を定義したが、どこまでを注目対象にするかによって内力と外力は変わってくる。**この注目対象を「系」と呼ぶ**。3.6節で説明する「内力（外力）型ブレーキ効果」は、体全体ではなく1つの部位を系と見て内力（外力）型と呼んでいる。

(3) 慣性力

走っている車がブレーキで減速するとき、車内の人の体は前に動かされる。右にカーブするとき、体は左に振られる。このように、**加速運動する系において現れる力を「慣性力」**という。

誰もが日常的に感じる力であるが、スポーツ動作において非常に重要な役割を果たすことはあまり知られていない。慣性力については、3.2〜3.4節で詳しく説明する。

この3つが身体運動を作る力の全てである。重要なことは、**意図的に働**

かせる力は筋力のみで、あとは全て「無意識に働く力」であることだ。小柄で筋力がなくても速く正確なボールを投げられる人は、**無意識に働く力の使い方がうまい**からである。

▎7つの基本メカニズム

次章以降の理論構成は以下の通りである。まず第3章では、高速運動を生み出すメカニズムを、次の7つに分類して説明する。

> **7つの基本メカニズム**
>
> **基本①** 重力の3つの効果（外力）
>
> **基本②** 等価原理とエレベーター効果（外力と慣性力）
>
> **基本③** 運動連鎖の軸となるブレーキ・シーソー効果（慣性力）
>
> **基本④** 誤解されている遠心力の効果（慣性力）
>
> **基本⑤** 作用・反作用の正の効果と負の効果（内力）
>
> **基本⑥** 小さな復元力が生み出す大きな効果（内力）
>
> **基本⑦** パルサーの高速回転を生むスピン加速効果（内力）

そして、7つのメカニズムの組合せによって、第4章では投球腕の、第5章ではそれ以外の部分に注目し、投球動作のメカニズムを議論する。将棋に喩えて言えば、基本手筋を組み合わせて、長い手順を読むことである。

【第三章】

高速運動を生み出す
７つの基本メカニズム

基本① 重力の３つの効果

なぜ「ヒップファースト」か？

　図3.1のように腰を前に突き出す動きは「**ヒップファースト**」と呼ばれ、**投球における重要な動作の１つ**と考えられている。これは単純な動作であるが、実に多くの力学的意味がある。その第１の理由が重力。そこでまず、**重力が高速運動を生み出すメカニズム**から見ていこう。

重力が運動に寄与する３種類の効果

　身体運動における重力の効果は、図3.2のように大きく３つに分けられる。

[図3.1] ヒップファースト。上半身を真っ直ぐにして、腰を前に突き出す形をとる。

(a)「倒れる」…投球に限らず多くのスポーツ動作が、脚が倒れる という動作から始まり、前方への加速度を生み出す。重力の 働きの基本形。

(b)「振り子」…脚が振り子のように運動すると、回転運動によっ て脚に遠心力が働き、その脚が腰を引っ張る。本書ではこの 効果を「7つの基本メカニズム」の「④振り子」と「⑤作用・ 反作用」に分類し、3.4〜3.5節で説明する。

(c)「落下」…落下している時ではなく、それが減速する時に下向 きの慣性力が働き、(a) の倒れる運動または (b) の振り子運 動が増幅される。本書ではこれを「7つの基本メカニズム」 の「②エレベーター効果」に分類し、3.2節で説明する。

つまり、重力の働きには3つの形態があるが、(b) と (c) は便宜上別の 効果に分類するため、この節では (a)「倒れる」のみを狭義の重力の効果

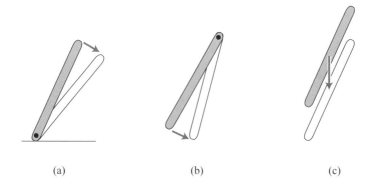

(a)   (b)   (c)

[図3.2] 重力の3種類の効果。(a) 倒れる。(b) 振り子。(c) 落下。

として説明する。

なぜ重力が水平方向の力を生み出すのか？

　下向きに働く重力が水平方向の加速を生み出すことは、直観だけでは理解できない。しかし、ヨットが追い風より横風を受けた方が高速で走る事実と同じように、**力がベクトルであることから論理的に導くことができる**。

　話を進める準備として、「力の合成則」について説明しておこう。図3.3（a）のように、点Pにある質点に2つの力 $\vec{f_1}$ と $\vec{f_2}$ が働くとする。力がベクトルであるという性質から、この合力 $\vec{f_1}+\vec{f_2}$ は、$\vec{f_1}$ と $\vec{f_2}$ の作る**平行四辺形の対角線PR**として求められる。あるいは、この合力は図3.3（b）のようにして求めることもできる。つまり、$\vec{f_2}$ の始点をPからQに平行移動し、**2つのベクトルの作る三角形の一辺PR**としても求められる。

　（a）と（b）の考え方はほとんど同じことであるが、3つ以上の力の合力を考えるときは、（b）のように、ベクトルの終点に別のベクトルの始点をつないでいく方が合力を求めやすい。

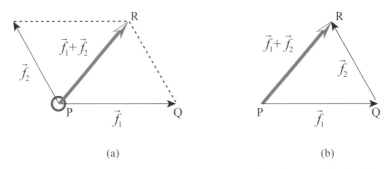

(a)　　　　　　　　　　　　　　　　(b)

[図3.3] 力の合成。（a）点Pに働く2つの力 $\vec{f_1}$ と $\vec{f_2}$ の合力 $\vec{f_1}+\vec{f_2}$ は、$\vec{f_1}$ と $\vec{f_2}$ の作る平行四辺形の対角線 PR として求められる。（b）この合力は、$\vec{f_2}$ の始点をPからQに平行移動して作られる三角形の一辺 PR としても求められる。

質点ではなく、剛体のように広がりのある物体に力が働く場合、話は少し複雑になる。物体のどこに力 $\vec{f_1}$、$\vec{f_2}$、…… が働くかによって、その結果生じる運動が異なるからである。しかし、**広がりのある物体の「重心」の運動**に注目する限り、「その重心に質量を集めた質点に合力（$\vec{f_1} + \vec{f_2} +$ …… が働いた」と仮定した運動と同じになることが示されている。

　この性質を使うと、棒の重心の運動について次のような議論ができる。

　重力が水平方向の加速度を生み出すことは、図3.4のような棒が倒れるモデルで説明できる。図3.4（a）のように、下端Aが固定軸となる細い棒ABのモデルを考える。棒に働く力は**重力・垂直抗力・摩擦力の3つ**である。この3力の合成を示したものが図3.4（b）であり、その合力の方向に棒の重心は加速される。つまり、重力そのものは下向きの力であるが、それが原因となって垂直抗力・摩擦力が引き起こされ、**結果として水平方向の力に変換される**のである。

　この状況は、ヨットが横風によって推進する状況と似ている。ヨットでは、横風が原因となって水からの抗力が引き起こされ、結果として前方への力が変換される。

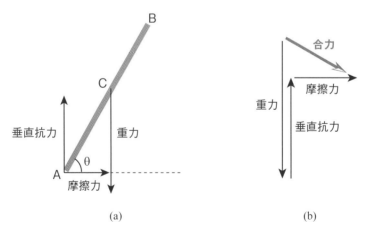

(a)　　　　　　　　　　　　　(b)

[図3.4] 重力の効果を示す棒モデル。（a）下端 A を軸に倒れるとき、棒には重力・垂直抗力・摩擦力が働く。（b）その3つの合力として、水平成分を持つ加速度が生み出される。

2つの棒モデル

では、重力によって生まれるこの加速度は、実際の動作においてどの程度有効なのだろうか。動作のメカニズムを理解する上で細かい数値は必要ないが、オーダー評価（概算）は重要である。そこで、この棒が倒れるモデルについて、重心の水平方向の加速度を評価しよう。

棒の質量分布として、**(i) 質量が一様に分布**、**(ii) 質点が先端に集中**、の2つの極端なモデルを考える（図3.5）。非直線運動の加速度は各時刻の速度にも依存するが、ここでは速度を無視する。棒と床のなす角を θ、重力加速度を $g\,(\approx 9.8\ \mathrm{m/s^2})$ とする。途中の計算は省略するが、運動方程式（157ページ、A.7）から次の結果が得られる。

棒が倒れる時の加速度

モデル（ⅰ）：質量が一様に分布する棒

$$\text{重心の水平方向の加速度} = \frac{3}{8}\,g\sin 2\theta \tag{3.1}$$

モデル（ⅱ）：質量が先端に集中する棒

$$\text{重心の水平方向の加速度} = \frac{1}{2}\,g\sin 2\theta \tag{3.2}$$

いずれも **$\theta = 45°$ のとき最大** となり、その値 (i) で $3g/8 \approx 3.7\,\mathrm{m/s^2}$、(ii) で $g/2 \approx 4.9\,\mathrm{m/s^2}$ となる。

これらの値は、実際の運動においてどの程度意味のある大きさか？　短距離走のトップアスリートは平均約 $10\,\mathrm{m/s}$ で走る。仮にスタートから約1秒でトップスピードに到達すると仮定すると、平均加速度は約 $10\,\mathrm{m/s^2}$ となる。**水平方向の加速度の数十％は重力によって生み出される**ことが

分かる。

　また、2つの式からわかるように、重心の加速度を決めるのは、傾角 θ、重力加速度 g、及び棒の質量分布である。棒の長さや質量の大きさにはよらない。このことから、**重力によって得られる重心の加速度は、競技者の身長や体重に依存しないことがわかる**。その意味で、**重力は誰もが平等に使える力**と言える。

誰もが平等に使える重力をどう活かす？

　重力は、体が大きい人も小さい人も、筋力が強い人も弱い人も、平等に使うことができる。しかし、**体の動かし方のちょっとした違いで、結果に大きな優劣が生まれる**。ここまでの考察によれば、その鍵となるのが、傾角 θ、重力加速度 g、及び棒の質量分布ということになる。

　まず、傾角 θ に注目すると、水平方向の加速度は直立 $\theta = 0°$ のときゼロであり、$\theta = 45°$ のときに最大となる。投球動作の場合、この θ は軸脚の傾角に対応し、いかに傾角45°を作るかということが課題になる。それに

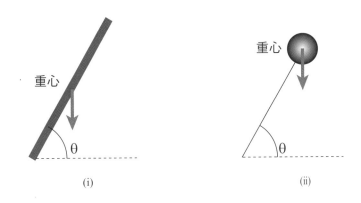

[図3.5] 2つの棒モデル。（ⅰ）質量が一様に分布する棒。（ⅱ）質量が先端に集中する棒。

ついては5.1節（112ページ）で議論する。

　次に、棒の質量分布に注目する。式 (3.1) と式 (3.2) を比較すると、モデル (ii) の最大加速度はモデル (i) のそれの4/3倍であることがわかる。したがって、仮に**人間の質量分布を上部に集中させることができるならば、より大きい加速度が得られる**ことになる。しかし、人間の質量分布を変えることなどできない。ではどうするか？

　その不可能を実質的に可能にする力学的なトリックがある。図3.6 (a) のように全身が１つの棒のようにして倒れる場合、重心の位置は頭部寄りになるもののモデル (i) に近い。

　一方、図3.6 (b) のように**上半身がほぼ真っ直ぐな状態で腰に乗っている**場合、前身ではなく倒れる軸脚だけを１つの棒と見ると、**その先端に上半身の質量が付いている状況とほぼ等価**になり、モデル (ii) に近い状況になる。つまり、**上半身の姿勢によって、重力の作る水平方向の加速度を大きくすることができる**のである。

　最後のポイントは重力加速度 g であるが、これは定数である。しかし、

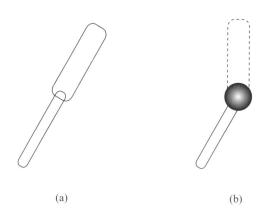

(a)　　　　　　　　　　　　　　(b)

[図3.6] １つの棒による姿勢モデル。(a) ２つの棒が一体 となって倒れる場合。(b) 上部の棒がほぼ垂直に保たれる場合。(a) は前節のモデル (i) に近いのに対し、(b) は質量が先端に集中するモデル (ii) に近い状態になるため、(b) の方が速く倒れる。

これも力学的なトリックによって実質的に g を増やすことができる。それが、次節で説明する**エレベーター効果**である。

■ 3.2
基本② 等価原理とエレベーター効果

┃エレベーター効果とは？

　プロの投手の動作を見ると、ヒップファーストの形を作った後、図3.7 のように軸脚を傾けながら膝を曲げ、体全体を沈ませている。**その下降が減速するとき、以下に説明するエレベーター効果が現れる。**

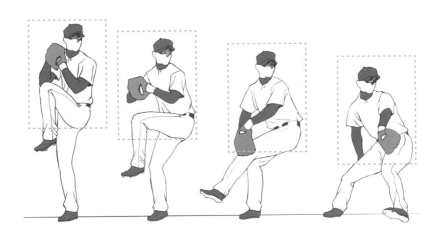

[図3.7] エレベーター効果。軸脚を傾けながら膝を曲げ、体全体が沈む。その下降が減速するとき、エレベーター効果が現れる。破線は腰と共に移動する仮想エレベーター。

高層ビルや高層タワーにある高速エレベーターに乗ると、**自分自身や荷物に働く重力が変化するように感じる**ことがある。地上階を出発して上昇するとき、下向きの慣性力が働き、重力が大きくなったように感じる［図3.8 (a)］。そして最上階に近づくと減速し、すなわち上向きの慣性力が働き、重力が小さくなって体が浮き上がるような感覚を覚える［図3.8 (b)］。エレベーターが下降するときはその逆である。最上階から下降し始めると、上向きの慣性力が働いて、再び浮き上がるような感覚を覚える［図3.8 (b)］。そして地上階に近づくと減速し、すなわち下向きの慣性力が働き、重力が大きくなったように感じる［図3.8 (a)］。

　このように、重力が大きくなったり小さくなったり感じることは、錯覚ではない。重力と慣性力は等価であり、エレベーターの中で重力と慣性力を切り離して測定することは不可能なのである。この重力と慣性力の等価性を「**等価原理**」といい、アインシュタインが一般相対論を構築する際に

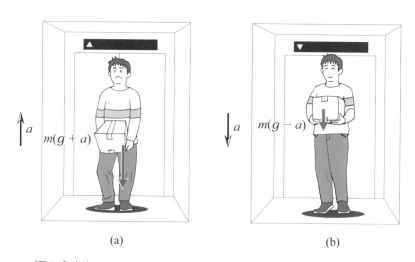

(a)　　　　　　　　　　　　　(b)

［図3.8］高速エレベーターの中で働く慣性力。(a) エレベーターが上昇中に加速または下降中に減速する場合、下向きの慣性力が働き、自身と荷物が重くなる。(b) エレベーターが下降中に加速または上昇中に減速する場合、上向きの慣性力が働き、自身と荷物が軽くなる。

採用した基本原理の一つである。つまり、エレベーターの中では重力加速後 g が変化すると考えることができる。

　実は、一般相対論とは直接関係ないスポーツ動作においても、この等価原理が重要な役割を果たす。

　図3.9のような仮想エレベーターに乗った棒モデルを考えよう。棒は体幹・大腿部に対応し、バネの力は足首・膝周辺の力に対応する。仮想エレベーターは落下し、バネの力によって止まる。**落下する仮想エレベーターが減速するときに下向きの慣性力が働き、高速で倒れようとする**。減速するときの加速度の大きさを $a(t)$ とすると、例えばモデル (ii) (53ページ) の棒の水平加速度 (式3.2、52ページ) は、

$$\frac{1}{2} g \sin 2\theta \longrightarrow \frac{1}{2}(g + a(t)) \sin 2\theta \tag{3.3}$$

と増大する。このように、**慣性力によって重力が瞬間的に増加するのと同じ効果をもたらす**ことを、本書では「**エレベーター効果**」と呼ぶ。

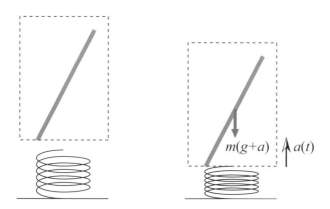

[図3.9] 仮想エレベーターに乗った棒モデル。棒は体幹・大腿部に対応し、バネの力は足首・膝周辺の力に対応する。仮想エレベーターは自由落下し、バネの力によって止まる。落下する仮想エレベーターが減速するときに下向きの慣性力が働き、高速で倒れようとする。

エレベーター効果は重力の増加と等価であることから、投球動作において次の3つの効果が考えられる。

投球動作における3つのエレベーター効果

（ⅰ）腰と共に落下する仮想エレベーターの減速によって、踏み出し脚の振り子運動が加速される。

（ⅱ）膝と共に落下する仮想エレベーターの減速によって、大腿の倒れが加速される。

（ⅲ）（ⅰ）または（ⅱ）のブレーキの反作用として、足や膝に復元力が作られる。

図3.9のモデルは（ⅱ）の効果を現している。一方、図3.7の投球動作では主に（ⅰ）が実現している。詳しくは5.3節で説明する。

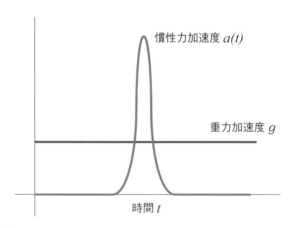

[図3.10] エレベーター効果が起こるときの重力加速度 g と慣性力加速度 a の時間変化の比較。g が時間的に一定なのに対し、a は瞬間的に鋭いピークを持つ。

慣性力と重力の決定的な違い

　慣性力は重力とほぼ同じ性質を持つので、それを活かすための注意点は、前節で述べた重力の場合と同じである。それは、**傾角 $\theta = 45°$ を作ること**と、図3.6（b）のように**上半身が真っ直ぐに腰に乗った状態を作ること**である。しかし、慣性力が重力と決定的に異なることがある。それは**時間変化**である。

　図3.10は、エレベーター効果が起こるときの重力加速度 g と慣性力加速度 a の時間変化の比較を表す。g が時間的に一定なのに対し、a は瞬間的に鋭いピークを持つ。したがって、一瞬のチャンスを逃さないように、**その瞬間に合わせて最適な傾角と最適な姿勢をとることが重要**である。

■3.3
基本③ 運動連鎖の軸となる
　　　ブレーキ・シーソー効果

つまずいて転ぶのはなぜ？

　ちょっとつまずいただけなのに、不覚にも反応が遅れて転んでしまった、怪我をしてしまったという経験はないだろうか。「反射神経が衰えたものだ」と嘆かれたことはないだろうか。実は、これには力学的な理由がある。つまずいた瞬間、つまり足先が何かに引っかかった瞬間に、**慣性力によって頭部が加速する**のである（60ページの図3.11）。

　このような慣性力の働きは、私達の日常生活においてはありがたくないが、スポーツにおいては体の末端部を加速する主要メカニズムになっている。筆者はこれを「**ブレーキ効果**」と呼んでいる[5-8]。

ウインドミル投法とブレーキ効果

　筆者がブレーキ効果に気付いたのは、**ソフトボールのウインドミル投法**に注目したことがきっかけだった[6]。一流の投手の動作を見ると、図3.12のように、勢いよく振り下ろした腕を腰周辺に擦りつけている。つまり、

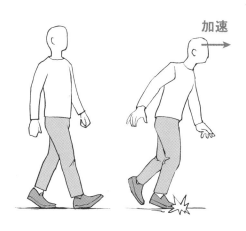

加速

[図3.11] つまずいた瞬間、慣性力によって頭部が加速する。

[図3.12] ウインドミル投法におけるブレーキ効果。肘から前腕上部を腰周辺に擦りつけて投げる。

あえて腕にブレーキをかけている。この動作は「ブラッシング」と呼ばれ、その重要性は以前から知られている。なぜ、腕にブレーキをかけることでボールは加速するのだろうか？

この疑問に答えるため、図3.13の棒モデルを考える。並進運動する棒の一端Aにブレーキをかけて止めると、他端Bは加速するだろうか、減速するだろうか。これは単純な問題であるにも関わらず、直観で答えを出すことができない。それは、Bが加速するか減速するかは、次の2つの効果が競合して決まるからである。

> ### B点が加速・減速する2つの効果
>
> ・棒全体が左向きの力を受けるので、重心Cは減速する。
>
> ・回転が生まれることによって、先端Bは重心Cより大きい速度になる。

運動方程式を立てると、**重心の減速より回転の効果の方が上回り、先端Bは加速する**ことがわかる。具体的には、**棒の質量分布が一様な場合、瞬**

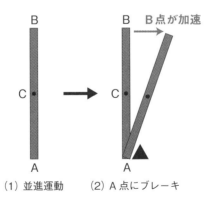

（1）並進運動　　（2）A点にブレーキ

[図3.13] 並進運動する棒の一端 A にブレーキをかけると、他端 B は瞬間的に加速する。一様な細い棒の場合、瞬間的に速度が1.5倍になる。

間的に速度は1.5倍になる。

　十年程前、物理学研究者が集まるセミナーでこの話をしたところ、はじめニヤニヤして聴いていた多くの人の顔が次第に険しくなり、真剣に考え始めていた。それは、一見単純ではあるが、**直観や暗算では答えが出ない難問**だからである。一方、体育系学会誌に論文を投稿したときは、「実験やシミュレーションで知られた事実である」というコメントが複数つき、そもそも運動方程式から理論的に答えを出すことに関心がないことを感じた。実験やシミュレーションで示されていればそれで十分である、という考え方もあるかもしれないが、理論的に導く意味は2つある。

　1つは、1.3節で説明したように、実験や数値計算で結果を出すだけでは、科学的に理解したことにはならないことである。もう1つは、実験や数値計算結果というのは、特定の条件を設定するとこうなるという結果が得られるだけである。例えば、ブレーキを加える点を変えるとどうなるか？　棒の質量分布を変えるとどうなるか？　実は、状況によっては先端が減速することもある。特定の数値に固定しない理論的解析の強みは、そうした一般的な条件設定に対する答えが得られることである。

　なお、ウインドミル投法の「腕を腰に擦る」という特有の動作に注目したことがきっかけで、ブレーキ効果の発見につながった。しかし、その後の考察で、ブレーキ効果はウインドミル投法に限るものではなく、**野球の投球はじめ多くに動作において重要な役割を果たしている**ことが分かった。「7つの基本メカニズム」(46ページ) の⑥⑦の働きによって、外からブレーキをかけなくても、外からブレーキをかけるよりも大きい加速を生み出すのである。詳しくは第4章で説明する。

▌ブレーキ・シーソー効果

　棒の一端にブレーキをかけて静止させるだけでなく、更に反対向きに動かしたらどうなるだろうか。運動方程式を立てて計算してみると、先端は

より大きな速度を得ることがわかる。このとき、あたかもシーソーのように、棒の両端は逆方向に運動する[4]。そして、ブレーキとシーソーは一連の運動であり、区別する意味はない。そこで、本書ではこの一連の運動において先端が加速する効果を「**ブレーキ・シーソー効果**」と呼ぶ。

第1章の図1.2 (c)（17ページ）や図1.3 (b)（18ページ）で示した合理的な竹刀の運動は、実はこのブレーキ・シーソー効果による事例であった。そして、竹刀等の打具のみならず、体の各部位で連続的にブレーキ・シーソー効果が起こることが、いわゆる**運動連鎖の軸となる**のである。なお、以下では「ブレーキ・シーソー効果」を略して「ブレーキ効果」と呼ぶことにする。

■3.4
基本④ 誤解されている遠心力の効果

┃「遠心力を使え」とは？

投球や打撃の腕の運動について、指導者や野球解説者が「**遠心力を使え**」と言うことがある。「遠心力を使え」とは、どういう意味だろうか。

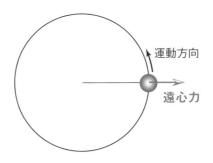

[図3.14] 円運動する物体に働く遠心力。遠心力は、運動方向に対して垂直外向きに働く。

63ページの図3.14は、質点の円運動における遠心力を示している。遠心力とは、**回転運動する物体に対して外向きに働く力**だ。遠心力は速度の2乗にほぼ比例するので、速度が大きくなると、結果として遠心力は大きくなる。しかし、遠心力はあくまで運動方向に対して垂直外向きに働くので、それによって物体が加速されることはない。したがって、投球や打撃の腕の運動における「遠心力を使え」とは、**遠心力に対する誤解に基づいた誤った表現**である。しかし、熟練者が「遠心力を使え」と表現したくなるのはそれなりの理由がある。それについては、4.4節で説明する。

では、遠心力が投球動作に寄与しないかというと、そうではない。それが、以下に述べる**脚の振り子運動**だ。

┃脚の振り子運動

例として、剣道の面打ちの脚の運動を考えよう。剣道では「腰から打て」とよく言われるが、それは「**足より先に腰を出せ**」という意味だ。図

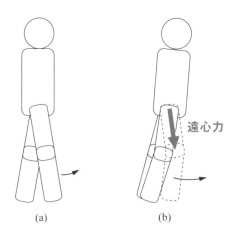

[図3.15] 剣道面打ちにおける脚の運動の比較。(a) 単に前脚を上げる運動。(b) 腰を前に出してから前脚を出す運動。(b) の場合、前脚に働く遠心力によって腰が前脚に引っ張られる。

3.15のように、(a) 単に前脚を上げる場合と、(b) 腰を前に出して（傾けて）から前脚を出す場合を比べよう。この場合、次のプロセスによって、(b) は (a) に比べて、体幹が前方により加速されるのである。

「剣道の面打ち」体幹加速のプロセス

・腰を先行させると、前脚を床から浮かせるだけで、前脚が振り子のように自然に前に出る。

・前脚が回転速度を持つため、前脚に遠心力が働く。

・遠心力によって前脚が連結している腰が引っ張られ、体幹が加速される。

投球における踏み出し脚は、まさに**振り子運動によって体幹を引っ張る役割を担っている**。図3.16のように、踏み出し脚を残してヒップファー

[図3.16] 踏み出し脚を残してヒップファーストさせることによって、振り子運動の形が作られる。

ストさせることによって、振り子運動が起こる形が作られる。

　振り子の単純な力学モデルには、回転軸が水平方向の**単振り子**［図3.17 (a)］と、回転軸が鉛直方向の**円錐振り子**[図3.17 (b)]がある。単振り子のような運動では地面に足が着いてしまうので、踏み出し脚の運動は、**単振り子と円錐振り子の中間的な振り子運動**になる。また、円錐振り子の回転成分を持つことには、体軸周りの角運動量が自然に生み出されるという利点もある。

■ 3.5
基本⑤ 作用・反作用の
正の効果と負の効果

┃「振り子」に隠されたもう１つの秘密

　踏み出し脚の振り子運動は、図3.18のように、打撃でも利用されている。その代表格が、イチロー選手と王貞治選手。打撃は向かってくるボー

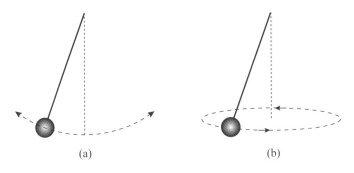

(a)   (b)

[図3.17] ２つの振り子モデル。(a) 単振り子と (b) 円錐振り子。踏み出し脚の運動は、(a) と (b) の中間的な振り子運動でなければならない。

ルに対応しなければならないため、誰でもできるわけではないが、爆発的なパワーを生み出すことは事実だ。

　前節では、この振り子運動の意味が「遠心力」にあることを述べた。遠心力は、速さが大きいほど大きくなる。そうすると、次のように考えても不思議ではない。

「重力だけでなく、筋力も使って、力強く脚を振り出した方が良いのではないか？」

　しかし、これが大きな間違いなのだ。結論から言うと、**できるだけ力を抜かなければならない**。ただし、完全に力を抜いてしまったら足が地面に着いてしまうので、振り子運動の軌道を保つ最小限の力は必要だ。ではなぜ、力を抜かなければならないのか？　その鍵となるのが、次に説明する**作用・反作用の法則とその帰結**である。

［図3.18］振り子運動を活かした打撃動作

作用・反作用の法則とその帰結

2.2節（35ページ）で定義した「作用・反作用の法則」を再掲する。

これを図で表すと、図3.19のようになる。

このように、作用・反作用の法則は非常に単純なので、1度聞けば誰で
も理解できるだろう。しかし、そこに落とし穴がある。法則そのものは単
純でも、対象が質点ではなく剛体になっただけで、その帰結として何が起
こるかは、注意深く考えないと見落としがちである。

簡単な例として、図3.20のように、2つの同じ棒が連結されたモデルを
考える。この系には外力は働かず、内力のみで運動するとする。つまり、
無重力で宙に浮いた状態である。しかし、それが想像しにくければ、代わ

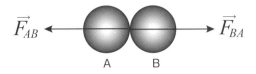

[図3.19] 作用・反作用の法則。$\vec{F}_{AB} = -\vec{F}_{BA}$ が成り立つ。

りに**滑らかな床に置かれている状況**を考えれば良い。その場合、重力と床からの垂直抗力がつり合うので、実質的には内力のみで運動することになる。

　静止した状態から、(a) のように棒1を時計回りに回転させるように内力を働かせるとき、系全体としてどのように運動するだろうか。

　内力とは、**人体であれば筋肉など、模型であればバネ・ゴム・モーターなどの装置によって働く力**である。どんな装置を介するにせよ、棒1を回転させるためには、棒2から棒1に力を働かせる必要があり、その反作用として、棒1から棒2にも向きが反対で同じ大きさの力が働く。その結果として、次の定理が導かれる。

力のモーメントに対する作用・反作用の関係

　2つの物体AとBが力を及ぼし合うとき、BがAから受ける力のモーメントを$\vec{N}_{AB}$、AがBから受ける力のモーメントを$\vec{N}_{BA}$とすると、次の関係が成り立つ。

$$\vec{N}_{AB} = -\vec{N}_{BA} \tag{3.4}$$

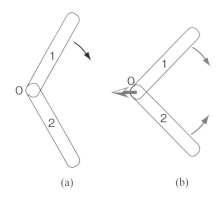

(a) 　　　　　　　　　(b)

[図3.20] 内力のみが働く2棒連結モデル。(a) のように、棒1を時計回りに回転させるように内力を働かせたとする。作用・反作用の法則などから、剛体2が反時計回りに回転すると共に、連結部は左に動かされることが分かる。

「力のモーメント」の定義と意味については、付録 (149ページ) をご参照頂きたい。

この定理から、棒2を止めたまま棒1を回転させることは不可能で、図3.20 (b) のように、**棒1と棒2が同時に反対向きに回転する**ことが分かる。

更に、以下の議論から、**連結部Oは左に動く**ことが分かる。Oが動くことなく、棒1と2が図 (b) のように回転したと仮定する。すると、明らかに系全体の重心は右に移動する。しかし、外力が働いていないのに静止状態から重心が動くことは、第2法則 (35ページ) と矛盾する。よって、重心が一定になるように、連結部Oは左に移動しなければならない、という結論に至る。

┃開脚角60°の法則

今度は、脚を一歩踏み出す運動を、図3.21のような2棒連結系で考えよう。棒2の一端Oが床に固定され、他端Aで棒1と連結されている。静止状態から棒1を点線のように振り上げる内力を働かせるとき、棒2はA点でどちら向きの力を受けるだろうか。

棒1と棒2の間の作用・反作用から、棒2にはAの周りに時計回りの力のモーメントが働く。しかし、図3.20のモデルとは違い、O点が固定されているため、棒2の運動がどうなるかは自明ではない。連結部Aの周りの力のモーメントに注目して運動方程式を書いても、難しい問題になる。

しかし、**固定点Oの周りの力のモーメント**を考えるとこの問題が解ける。一旦重力を無視すると、外力はO点だけに働くことになり、2棒に働く外力のモーメントの和はゼロになる。そこで、棒2の固定点Oから棒1の重心Cに補助線 (破線) を引き、補助線に対するCの運動方向に注目する。(a) では、棒2が動かないと仮定すると、補助線に対してCの運動方向は右向きであるため、2棒全体の重心は時計回りに運動する。これは外力のモーメントの和がゼロであることに矛盾するので、重心の位置が変わ

らないように、**棒2は反時計回り（左向き）に動く**という結論に至る。一方 (b) では、棒2が動かないと仮定すると、補助線に対してCの運動方向は上向きであるため、2棒全体の重心は反時計回りに運動する。これもまた外力のモーメントの和がゼロであることに矛盾するので、**棒2は時計回り（右向き）に動く**という結論に至る。

　では、(a) と (b) の境目、つまり、棒2に働く内力のモーメントがゼロになるのはどのような場合だろうか。

　今のモデルのように両脚を一様で真っ直ぐな棒で近似すると、Cの運動方向が直線OCと一致するのは、(c) のように**2棒の間の角が60°のとき**であることが分かる。実際の脚は一様な直線棒ではないので、実際の臨界角はわずかにずれると思われるが、60°は近似値として目安になる。

　重力を考慮すると、2棒に働く外力のモーメントはゼロでなくなる。しかし、その場合は重力のモーメントが加わるだけで、内力がどちら向きの力のモーメントを作るかという問題について、結論は変わらない。

　以上の議論から、一歩踏み出す運動について次の結論が得られる。**開脚角が60°未満のとき、内力で一歩踏み出す動作は逆に体幹を減速させて**

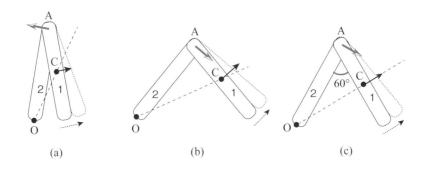

　　　(a)　　　　　　　　　　(b)　　　　　　　　　　(c)

[図3.21] 脚の踏み出しを表す2棒連結モデル。O点を固定し、棒1を点線のように内力で振り上げるとき、棒2はどちら向きに動くだろうか。Oの周りの力のモーメントの和はゼロだから、棒2は (a) では反時計回り（左向き）に、(b) では時計回り（右向き）に動く。運動方向が変わる境目は、(c) のように2つの棒の間の角が 60°になる場合である。

しまう。それを妨げるために、前節で述べたような、腰を先行させた振り子運動が重要なのである。

　一方、**開脚角が60°以上になったら、内力を使って踏み出し脚を更に上げることで、前方への加速度が更に増加する**。理論的に得られたこの事実を、筆者は「**開脚角60°の法則**」と呼んでいる。投球動作において、開脚角が60°以上で内力を具体的にどう加えるかについては、5.1節（112ページ）で議論する。

■ 3.6
基本⑥ 小さな復元力が生み出す
　　　　大きな効果

┃体のバネとは？

　野球でも他のスポーツ競技でも、「**体のバネを使え**」と言われることがよくある。体のバネとは、**筋肉や腱を伸ばしたときに働く復元力**である。実際、プロの投手は、図3.22のように背中を反らせ、大きく胸を張って投げている。

　復元力の存在と重要性には多くの人が経験的に気付いており、何も目新しいものではない。しかし、ぜんまい仕掛けで走り出すミニカーのように、復元力だけで高速運動が生み出されるわけではないことに注意が必要だ。ぜんまい・バネ・ゴムのような人工的な弾性体に比べると、人体の弾性は小さい。その小さい弾性を活かすためには、他のメカニズムとの協調が不可欠である。したがって、**どのような状況で小さい弾性が威力を発揮するかという知識が重要**になる。

　以下ではまず、義足のジャンパーの例を挙げて、復元力が運動において

重要な役割を果たすこと、しかしながら、人工的な弾性体に比べて人体の復元力は小さいことを説明する。

義足のジャンパーは なぜオリンピックに出場できないのか？

　2016年のリオデジャネイロオリンピックの少し前、マルクス・レームというドイツの走り幅跳びの選手が話題になった。彼は義足のジャンパーで、8.41mというパラ陸上競技の世界記録を持っていた。これは健常者の世界大会でもメダル圏内に入る記録である。彼はオリンピックの出場を希望したが、国際陸上競技連盟は最終的に、義足は有利になるという理由によって出場を認めなかった。

　筆者は、心情的には気の毒ではあるが、力学的に考えればやむを得ない措置だと考える。このことを、エネルギー効率の観点から説明しよう。

[図3.22] 体のバネとは？

一般に 2 物体間の反発係数は、図3.23（a）のように、2 物体の衝突直前の相対速度と衝突直後の相対速度の比

$$e = \frac{v'}{v} \quad 0 \le e \le 1 \tag{3.5}$$

として定義される。$e = 1$ のときを**（完全）弾性衝突**といい、力学的エネルギーは保存される。一方、$e = 0$ のときを**完全非弾性衝突**といい、力学的エネルギーは全て消失する。これらは両極端の場合で、一般的な衝突はその間にあり、エネルギー効率は次の式で与えられる。

$$\text{エネルギー効率} = \frac{\text{衝突後の運動エネルギー}}{\text{衝突前の運動エネルギー}} = \frac{v'^2}{v^2} = e^2 \tag{3.6}$$

　反発係数 e は物体の弾性で決まる。弾性とは、図3.23（b）のように変形したときに元の状態に戻ろうとする働きである。弾性が大きいと、衝突前の運動エネルギーの大半が弾性エネルギーに変換され、物体が元の状態

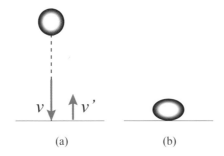

(a)　　　　　　　　(b)

[図3.23] 反発係数とエネルギーの変換。(a) 反発係数は、衝突直前の相対速度 v と衝突直後の相対速度 v' の比 $e = v'/v$ として定義される。(b) 衝突の瞬間物体は変形し、運動エネルギーの e^2 倍が弾性エネルギーに変換される。

に戻ると弾性エネルギーは再び運動エネルギーになる。一方、弾性が小さいと、運動エネルギーの大半が熱エネルギーに変換され、散逸する。

　人間の場合、ジャンプして着地しても、自然にはほとんどはね上がらないので、**反発係数は0に近い**。

　よって、着地前後のエネルギー効率は0に近い。一方、スポーツ用の義足は弾性率の高い材質を使うことによって、**反発係数を1に近づけることができる**。このように、着地時のエネルギー効率という観点から、**義足は健常者より有利**であると言える。

　もちろん、助走において義足は不利であると考えられるし、義足を使えば誰もが速くなるわけではない。マルクス・レームのアスリートしての能力は、オリンピックメダリストに決して劣ることはないだろう。しかし、力学的に明らかに異なる特性がある以上、男性と女性が同じ土俵で勝負をしても意味がないように、義足の障害者と健常者もまた同じ土俵で勝負することに意味はないだろう。

　以上の義足のジャンパーの例から、復元力について次のことが分かる。

「復元力」についてわかること

・エネルギー効率の観点から、復元力は運動において非常に重要である。

・義足の材料である金属やカーボンに比べて人体の復元力は小さい。

┃エレベーター効果との協調

　筋肉や腱の復元力が重要と言っても、人間の体は理想的な弾性体からはほど遠いため、ぜんまい仕掛けの玩具のように、弾性力だけで高速運動を

生み出すことはできない。しかし、他のメカニズムとの協調によって大きな役割を果たす。その１つが3.2節（55ページ）で説明した**エレベーター効果**である。

　実は、エレベーター効果の説明で使った図3.9（57ページ）の中にバネがあり、**復元力とエレベーター効果の協調**が表されていた。バネの力によって落下する棒にブレーキがかかり、更に上向きに加速する。その結果、棒が素早く倒れるというモデルだ。

　ここで注意して頂きたいのは、エレベーター効果の本質は「**落下した棒が止まる時に働く慣性力**」なので、復元力とは独立の効果であることである。バネのような復元力が無くても、落下した棒が床に接触すればブレーキがかかり、慣性力によって速く倒れる。しかし、その場合のブレーキは地面との完全非弾性衝突になるため、多くの力学的エネルギーが失われてしまい、復元力がない場合に比べて効率が悪い。加えて、失われた力学的エネルギーは体にダメージを与える方向に向かう。したがって、**足首や膝を柔らかく使って復元力を働かせることが、エレベーター効果を働かせる際に重要**なのである。

ブレーキ・シーソー効果との協調：外力型と内力型

　復元力と協調するもう１つの効果が、**ブレーキ（・シーソー）効果**である。3.3節（59ページ）では単一の棒の運動を考え、並進運動する棒の一端に運動方向とは反対向きの力を加えると、棒の他端が加速することを示した。これをブレーキ効果と呼び、運動連鎖の主要なメカニズムの１つと考えた。では、単一の棒に外から力を加えるのではなく、人の一連の動作の中でブレーキ効果を働かせるにはどうすれば良いだろうか。

　それを議論するために、図3.24のように２つの剛体棒の連結モデルを考える。

棒1と棒2がAで連結され、棒1の他端が固定軸Oに連結されている。はじめ棒1を時計回りに回転させ、ある時点で棒1に反対向きの力が加わることによって、棒2の先端Bが加速する。その具体的なメカニズムとして次の2つが考えられる。

(a) 外力型モデル

棒1が反時計回りに回るとき、連結部Aで棒2が自由に回転できる構造になっていると、棒2はシーソー運動をして時計回りに回ってしまう。したがって、棒2がある程度以上は時計回りに回らない構造になっている必要がある。その構造が図3.24（a）では**添え木**で表現されているが、人体では構造上可動域が制限される場合に対応する。そして、棒1に対してOの周りに時計回りの力のモーメントを加えることによって、ブレーキ運動を実現させるのである。

2つの棒を1つの系と見ると、棒1に働く力は外力なので、本書ではこ

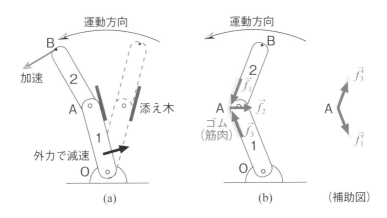

[図3.24] ブレーキ効果を働かせる2つのモデル。 いずれも、棒1と棒2がAで連結され、棒1の他端が固定軸Oに連結されている。はじめ棒1を時計回りに回転させ、ある時点で棒1に反対向きの力が加わることによって、棒2の先端Bが加速する。その具体的なメカニズムを示すモデルとして、(a) 外力型モデルと (b) 内力型モデルがある。(b) の $\vec{f_1}$、$\vec{f_2}$、$\vec{f_3}$ は「ゴムから剛体1と2に」働く力を表す。右の補助図の $\vec{f_1'}$、$\vec{f_3'}$ は、「ゴム上のA点に」働く力を表す。

れを**「外力型」メカニズム**と呼ぶ。2.2節（35ページ）の力の分類では体全体を1つの系と見て外力を定義したが、その意味とは少し異なるので注意して頂きたい。

(b) 内力型モデル

添え木の代わりに**ゴム**を図3.24（b）のように付ける。ゴムは、**筋肉の復元力のモデル化**である。棒1に力を加えて棒1がOの周りを反時計回りに回転すると、棒2は固定されていないので、慣性力によって時計回りに回転し始める。しかし、ゴムが引き伸ばされると、「ゴムから剛体1と2に」復元力 $\vec{f_1}$、$\vec{f_2}$、$\vec{f_3}$ が働く。$\vec{f_1}$ と $\vec{f_3}$ の存在はすぐにわかると思うが、$\vec{f_2}$ が働くことは気付きにくいかもしれない。それを説明するのが図3.24 (b) の右側にある補助図である。「ゴム上のA点に」は、$\vec{f_1}$、$\vec{f_3}$ の反作用として $\vec{f_1'}$、$\vec{f_3'}$ が働く。その合力

$$\vec{f_2} = \vec{f_1'} + \vec{f_3'} = -\vec{f_1} - \vec{f_3} \tag{3.7}$$

がゴム上のA点に働き、それが**剛体の連結部を右に押す力になる**のである。

3つの力 $\vec{f_1}$、$\vec{f_2}$、$\vec{f_3}$ のうち、$\vec{f_1}$、$\vec{f_2}$ がブレーキとして働き、$\vec{f_3}$ は直接棒2の回転を加速させる。今の場合、棒1と棒2の間に働く力によってブレーキ効果が働くので、本書ではこれを**「内力型」メカニズム**と呼ぶことにする。

この2つのメカニズムを力学的効率の観点から比べてみよう。外力型では運動方向と反対向きに力を加えているので、**全角運動量と力学的エネルギーは減少する**。それでも、例えば剛体1を静止させた瞬間、3.3節（59ページ）で説明したように、**先端Bの速度は約1.5倍**になる。一方、内力型では外力を加えていないので、**全角運動量は保存する**。更に、ゴムが理想的な弾性体であれば力学的エネルギーは全て保存され、そうでなくても一部

は保存される。**力学的エネルギーが半分でも保存されれば、先端Bの速度は2倍以上になる**。

　このように、復元力単独でぜんまい仕掛けの玩具のようなスピードを生み出せなくても、ブレーキ効果と協調して大きな速度を生み出せることがわかる。

　つまり、**体幹と腕の一連の運動の中で、どれだけ弾性を使って内力型ブレーキ効果を実現するかが最重要課題**となる。これについては、4.6節と5.4節で議論する。

■ 3.7
基本⑦ パルサーの高速回転を生む　　スピン加速効果

┃ パルサーの超高速スピンはどのように
┃ 実現したのか？

　少し野球から離れて、宇宙に目を向けてみよう。

　宇宙には、地上の現象とは比較にならないほどの超高速現象が多数見られる。その代表例が、電磁波を規則正しい周期で放射する中性子星、**パルサー**だ。地球の自転周期は1日、太陽の自転周期は約25日であるのに対し、**パルサーの自転周期は数秒から千分の1秒という短さ**だ。なぜ、このような驚異的な高速回転がつくられたのだろうか。そこに、スポーツで瞬時に加速するメカニズムの1つが隠されている。

　この仕組みを説明するために、「**角運動量**」と「**慣性モーメント**」の概念を避けて通ることができない。これらの用語になじみのない読者は、巻末付録の「回転運動の力学」(149ページ)を参照して頂きたい。

中性子星とは、太陽の約10倍の質量の恒星が超新星爆発によって大部分が吹き飛ばされた後、太陽質量程度の中心核が自己重力によって半径十数kmにまで収縮した天体である。

　この内力による収縮過程では角運動量が保存されるため、中性子星の慣性モーメントをI、角速度をωとすると、角運動量Lについて

$$L = I\omega = 一定 \tag{3.8}$$

が成り立つ。中性子星が収縮すると、慣性モーメントIは半径の2乗に比例して小さくなり、角速度ωはそれに反比例して大きくなる。例えば**半径が1/100になると、角速度が1万倍**になる。こうして、超高速スピン天体パルサーが誕生するのである。

▌フィギュアスケートスピン

　パルサーの例から分かるように、角運動量保存則とは宇宙から素粒子まで様々なスケールの自然現象を支配し、特に高速スピンを生み出すメカニズムとなっている。このことは、私達の身近な現象、特にスポーツ動作においても例外ではない。

　角運動量保存則を利用して高速運動が実現される動作の代表的な例が、**フィギュアスケートのスピン**である。図3.25（81ページ）のように、手を広げて回転し始めてから手を縮めると、体の慣性モーメントが小さくなる。一方、手を縮める間に働く外力のモーメントは氷と靴の摩擦力のみであるから、角運動量はほぼ一定に保たれる。したがって、**角速度が急激に増加し、高速スピンが実現する**のである。

　フィギュアスケートのスピンなど普通の人にはできないが、回転椅子を使うとこの加速現象を体験することはできる。回転椅子に座り、手を広げ

て回転させてみよう。そして手を縮めると、回転が加速することを実感するだろう。この角運動量保存則を体感する実験を、周囲にぶつからないように気を付けて、是非試して頂きたい。

▍角運動量保存則に関する誤解

　パルサーやフィギュアスケートのスピン加速効果は、次の2段階にまとめられる。

　「スピン加速効果」のプロセス

　・慣性モーメントが大きい状態で回転を始める。

　・慣性モーメントを小さくする。

　これだけの単純なプロセスで高速スピンが実現するのである。これはまさに、人間の直観では気付きにくい事実を物理学が教えてくれた好例

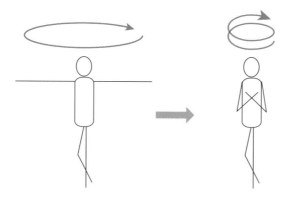

[図3.25] フィギュアスケートスピン。腕を広げて回転してから腕を縮めると、角運動量保存則によって角速度が急激に増加する。

である。

　この有効なメカニズムが、末端部の高速運動が要求される他のスポーツで活用できないはずがない。実際、第4章・第5章で説明するように、**投球動作においても重要な役割を果たす。**

　しかし、どういうわけか、フィギュアスケート以外の動作への応用はほとんど認識されていないのである。その理由の1つと考えられるのが、以下に紹介するように、**体育系学会において角運動量保存則が正しく理解されていなかったという事実**である。

　問題にするのは、バイオメカニクスの教科書の1つになっているKreighbaum & Barthelsの著書[9]の338-340ページの記述である。そこでは3棒連結モデルで末端の加速メカニズムを論じているが、2棒連結モデルに置き換えても話の本質は変わらないので、ここでは図3.26の2棒連結モデルで議論する。彼らの主張は以下の通りである。

　はじめ、棒1と棒2が一体となり、固定軸Oの周りを反時計回りに回っているとする。ある時点で、棒1に時計回りの外力のモーメントを加えて減速し、静止させる。すると、剛体1の回転が止まることによって、剛体2の回転軸がOからAに移り、その結果、回転部分の慣性モーメントが減少する。

「$L = I\omega$ より、角運動量 L が保存するとき、慣性モーメント I が減少すると、剛体2の角速度 ω が増加する」

というのが彼らの主張である。

　この解釈を、運動法則から検証してみよう。

　まず、角運動量保存則が成り立つのは、「**その基準点の周りの力のモーメントが働かないとき**」のみである。図3.26の状況では、**剛体1の回転を止めるために力のモーメントが働いているから、O点周りの系全体の角運動量は明らかに保存しない。**そこで、彼らはO点周りの全角運動量を考えるのではなく、剛体2の角運動量に注目し、剛体1の回転を止めると同時

に基準点をOからAに移すことにより、「基準点周りの力のモーメント」を回避した。このトリックによって、一見角運動量保存則が成り立つように見える。

しかし、角運動量とは基準点を指定して定義されるベクトル量であることを忘れてはならない。**運動の途中で基準点を変えてしまったら、角運動量保存則は適用できない**のである。したがって、Kreighbaum & Barthelsの解釈[9]は誤りである。

はじめこの本の記述を見たとき、たまたまこの著者だけの勘違いだと思ったが、以下に述べるように、文献[9]の解釈は広く信じられていたようである。

この間違いを指摘した論文がはじめて掲載されたのが、2018年の武道学研究[8]であるが、査読者の1人が文献[9]の解釈は正しいと主張されたため、掲載受理まで時間がかかった。それでも、最終的に筆者の主張を認めて頂いたことは良心的だ。

実は、それ以前にもこの間違いを指摘して別の学会誌に投稿した論文が数編あるが、ことごとく却下されている。アメリカの一般物理系雑誌に投

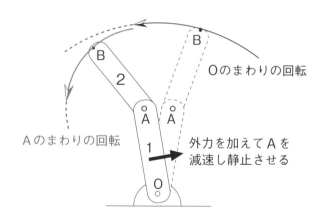

[図3.26] Kreighbaum & Barthels [9] による末端部の加速メカニズム。回転軸がOからAに移ることによって、回転物体の慣性モーメントが小さくなり、角運動量保存則からBの速度が増すという解釈を与えているが、これは誤りである。

稿した際は、査読者は理由を示すことなく文献[9]の考えが正しいと主張された。また、国内最大級の体育系学会誌に投稿した際には、査読者から「誤った文献ではなく正しい文献を引用すべきである」というコメントが付いた。この査読者のコメントを支持する学会の考えに従うならば、論文の中で先行研究の誤りを指摘してはならないことになる。

　真理探究のためには、先行研究や著書の間違いを正していかなければならないし、その際に意見が分かれれば徹底的に議論すべきだろう。現状の体育系学会では、残念ながら、一旦定着した考え方に異論を挟むことは認められにくいようだ。

　誤解のないように補足すると、図3.26において剛体1が減速すると剛体2の回転が加速することは、まさに3.3節で説明したブレーキ・シーソー効果であり、この加速現象はたしかに起こる。そして、角運動量保存則を正しく適用すれば、この加速現象を説明できる場合もある。

　具体的には、「**瞬間的にA点が静止する**」場合について、(基準点をO点から動かすのではなく) A点の周りに角運動量保存則を適用すれば、この加速現象を説明することができる[6]。しかし、**A点が加速運動する場合、A点の周りの角運動量が保存しないので角運動量保存則は使えない**。ブレーキ効果を一般的に議論をするためには、運動方程式から出発しなければならないのである。具体的な計算について関心のある方は、拙著[5]を参照して頂きたい。

　ともかく、高速運動を生み出す7つの基本メカニズムが出そろった。あとは、これらをどう組み合わせて複雑な投球動作を理解するかという一手一手の読みである。

【第四章】

理論物理学が解明した投球腕の運動メカニズム

■ 4.1
ブラックボックスだった「内旋・回内」のメカニズム

▌なぜ腕の「内旋・回内」か？

　プロの投手の投球動作を見ると、図4.1のように、リリースの瞬間に上腕・前腕の長軸まわりの回転、つまり「**内旋・回内**」をさせている。体幹を軸とする腕の大きな回転運動に対し、内旋・回内という小さい回転運動に大きな効果があるとは一見考えにくい。しかし、**内旋する瞬間に高速運動が生まれていることは事実**である。ここに、投球のコツの一つが隠されていそうだ。

　実際、野球・テニス・ゴルフ等の多くの専門家がこの内旋・回内の重要性を指摘している。具体的なメカニズムとして、十数年前、この内旋・回内の意味について複数の専門家が独立にほぼ同じ理論を提唱された[7]。それは、腕や打具を長軸の周りに回転させると先端が運動方向に加速する

[図4.1] リリースの瞬間の腕の内旋・回内。

というもので、「**ジャイロ効果**」や「**コリオリの力**」と呼ばれていた。筆者はその理論がにわかには信じられなかったので、運動方程式を書いて検討した。その結果、腕や打具を長軸の周りに回転させても、決して運動方向に加速しないことが証明された[7]。

　しかしながら、図4.1のようなプロの投手の動作を観察する限り、腕を伸ばしきったところで素早い内旋・回内が起こり、同時に運動方向に加速していることは間違いない。論文[7]の発表から約9年間、筆者もこのパラドックスが解けなかった。その答えに気付いたのは、わずか3年前である[10]。そのきっかけとなったのは、次節で紹介する**逆立ちゴマの運動**であった。

　長年のブラックボックスだった腕の内旋・回内のメカニズム。本章では、内旋・回内のメカニズムを中心に、投球腕の運動連鎖の具体的なメカニズムを、前章の基本メカニズムを基に解説する。結論から言うと、「7つの基本メカニズム」(46ページ)の「③**ブレーキ効果**」、「⑥**復元力の効果**」、「⑦**スピン加速効果**」の組合せで全て説明できる。

ブレーキ・シーソー効果を
実現するもう1つのメカニズム：スピン型

　リリースの瞬間の運動を見る限り、腕はほぼ真っ直ぐになって内旋・回内している。しかし、回転し始めるときには肘は曲がっている。このとき、回転軸に対して前腕の長軸は傾いているので、厳密には内旋ではない。その理由によって、2.3節で「**準内旋**」という用語を定義したわけだ。**腕の運動は準内旋であり、それが内旋に近づく**、と捉えなければならない。

　図4.2 (88ページ) のように、腕が少し曲がった状態で準内旋させると、肘が手の運動方向と逆向きに動く。これは、実質的に内力型によって上腕にブレーキをかけたことと同じであり、前腕の回転が加速する。これが、ブレーキ効果を働かせる第3のメカニズムであり、本書では「**スピン型**」と呼ぶ。

　しかし、この説明で納得する人は少ないだろう。次の疑問を持たれるの

ではないだろうか。

「たしかに肘は反対に動くが、準内旋という小さい回転による効果は微小ではないか？」

その通りだ。肘を少し曲げたところでうまくいかないのである。それゆえ、内旋の重要性が指摘されるようになった後も、「内旋を意識したら上達した」という声がほとんどなかったのである。

■ 4.2
角運動量保存則のもう１つの
重要な帰結

┃逆立ちゴマはどっち向きに回転する？

ここで一旦、腕の内旋を忘れ、3.7節で説明したパルサーのスピン加速効果を思い出そう。剛体の角運動量の大きさ L は、慣性モーメント I と角

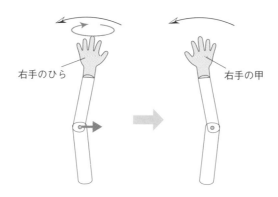

右手のひら　　　　　　　　　　右手の甲

[図4.2] スピン型ブレーキモデル。腕の準内旋によって、肘が手の運動方向と反対向きに動き、ブレーキ効果が働く。（右投げの人が自分から右腕を見たイメージ）

速度ωの積、つまり $L = I\omega$ である。そして、Iは剛体の質量と回転半径rの２乗に比例する。したがって、Lが一定に保たれながらrが小さくなると、角速度ωは $1/r^2$ に比例して増加するのである。これが、角運動量保存則の重要な帰結の１つである。

　実は、角運動量保存則にはもう１つの重要な帰結がある。読者の皆さんは「**逆立ちゴマ**」をご存知だろうか。図4.3の左のように回し始めると、**途中で上下反転するコマ**である。この逆立ちする現象、つまり、重心が低い状態から高い状態に移行するという、一見直観に反する現象が逆立ちゴマの面白さである。

　しかし、ここで注目したいのはコマが逆立ちする理由ではなく、**逆立ち後の回転の向き**である。

　はじめコマは、図4.3左のように左回りに回転していたとする。コマは上下反転した後、図4.3右においてＡとＢのどちら向きに回転するだろうか？　角運動量保存則が成り立つ場合、**角運動量の大きさだけでなく向きも不変に保たれる**。コマの立場で角運動量が保存されれば回転はＡとな

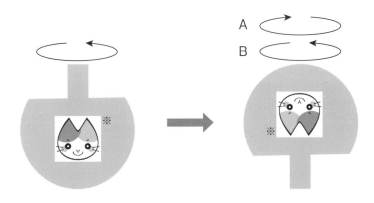

[図4.3] 逆立ちゴマ。はじめコマは、左のようにＡの向きに回転していたとする。コマの上下反転後、ＡとＢのどちら向きに回転するだろうか（※は山口大学公式キャラクター、ヤマミィ）。

るが、観測者の立場で角運動量が保存されればBとなる。どちらの立場で角運動量は保存されるのだろうか?

その疑問に答えるためには、角運動量保存則の導出過程に遡らなければならない。角運動量保存則は、運動方程式と作用・反作用の法則から導かれる。そのうちの運動方程式は、36ページで説明したように、慣性系においてのみ成り立ち、加速運動する座標系では成り立たない。角運動量保存則が成り立つのは慣性系においてのみである。したがって、**静止した観測者が測定する角運動量のみが保存し、答はB**となる。

この逆立ちゴマの例から、角運動量の向きに注目した、角運動量保存則のもう1つの側面が明らかになる。

角運動量保存則のもうひとつの帰結

回転する物体の向きが外力によって変化しても、その外力が角運動量を打ち消す大きなものでない限り、回転の向きはほぼ保たれる。このとき、物体の立場で見ると回転の向きは変化する。

この性質によって、普通のコマが少し傾いても安定に回転し続けたり、その傾き角がゆっくりと運動する歳差運動が起こったりするのである。

背負い投げメカニズム

角運動量保存則には、「**角運動量の大きさ**」と「**回転の向き**」に注目した2つの側面があり、前者の代表例がパルサーとフィギュアスケートスピン、後者の代表例が逆立ちゴマであった。この2つの結果から、角速度の大きさと物体の向きの両方が変化する場合について、興味深い帰結が得られる。

図4.4左のように、はじめに円柱の剛体が短軸周りに回転していたとす

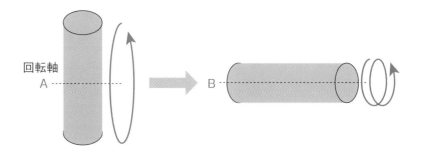

回転軸
A

B

[図4.4] 回転しながら向きを変える円柱モデル。左のようにA軸の周りに回転していた円柱に力を加え、右のような向きにすると、B軸周りの回転になって慣性モーメントが小さくなり、瞬間的に角速度が増加する。

[図4.5] 背負い投げ。左手で引きつけることによって、受（うけ）の向きが回転しながら横になり、回転速度が増加する。

る。ある瞬間に外力を加え、円柱が図4.4右のように向きを変えたとする。外力による角運動量変化が微小であると仮定すると，慣性系の観測者から見た回転軸はほとんど変わらないので、B軸周りの回転になる（慣性系で見るとA軸とB軸は同じ）。すると、回転軸周りの**慣性モーメントが減少**するため、**角運動量保存則から，円柱の角速度が瞬間的に増加する**という結論に至る。

　なお、逆立ちゴマの場合はたまたま180°向きを変えたため、慣性モーメントが変化せず、角速度の変化も起きなかった。

　このモデルを適用できるスポーツ動作の例が、**柔道の背負い投げ**である。

　技を掛けられる受は縦に回転し始めるが、床につくときには横回転に近くなっている。技を掛ける取が右手で投げる場合、左手で引きつけることによって、受の向きが回転しながら変わる。その結果、**回転軸に対する受の慣性モーメントが小さくなり、回転速度が増加する**と考えられる。

　実際、きれいに決まった背負い投げを映像で見ると、図4.5（91ページ）のように受の体の向きが変わっていることが確認できる。この背負い投げの例はわかりやすいので、回転する物体の向きを変えることによって回転を加速させるメカニズムを、筆者は「**背負い投げメカニズム**」と呼んでいる。

■ 4.3
腕の準内旋・伸展による
加速メカニズム

▌上腕・前腕のスピンモデル

　前節では、パルサーやフィギュアスケートのスピン加速効果が、意外にも背負い投げにもあることが分かった。

　ポイントは、**回転する物体の向きが外力によって変化しても、回転軸は変化せず、角運動量の大きさはほぼ一定に保たれる**ことだった。それをヒントにして、再び腕の運動を考えよう。

　まず、前腕と上腕を分けて考え、図4.6のように一方を棒でモデル化する。この図の回転方向は、右腕の前腕及び左腕の上腕に一致している。図4.6（a）左のように、棒が長軸に対して傾いた軸の周りで回転し始めたと

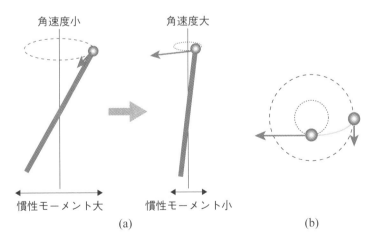

[図4.6] 前腕・上腕のスピンモデル。この図の回転方向は、右腕の前腕及び左腕の上腕に一致している。（a）左のように、長軸が回転軸に対して傾いている棒に力を加え、1/4周する間に棒の長軸を回転軸に近づけると、慣性モーメントが小さくなり、（a）右のように瞬間的に角速度が増加する。（b）は先端の軌道を上から見た図。

する。そこで棒に力を加え、1/4周する間に長軸を回転軸に近づけると、慣性モーメントが小さくなり、(a) 右のように瞬間的に角速度が増加する。

　図4.6 (b) は、先端の軌道を上から見た図である。外力を加えなければ破線の大きい円上を動くところ、外力によって点線小さい円に移るため、軌道速度が大幅に増加するのである。このような軌道速度の増加は、棒の長軸と回転軸が一致した回転では起こらない。**純粋な「内旋」は先端の加速に寄与せず、棒の長軸に対して回転軸が傾いた「準内旋」だからこそ先端の加速が起こる**のである。

腕の準内旋・伸展による手の加速

　図4.6の棒モデルを前腕と上腕に対応させて連結させると、図4.7の現

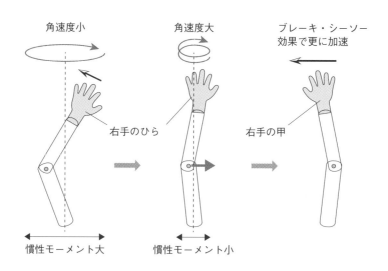

[図4.7] 腕の準内旋・伸展モデル。破線は腕全体の重心を通る回転軸。腕を少し曲げた状態で回転させてから素早く腕を伸展させると、慣性モーメントが小さくなり、瞬間的に角速度が増加する。更に、肘関節が手と反対向きに動かされることによって、前腕にブレーキ効果が働き、末端が更に加速される。（右投げの人が自分から右腕を見たイメージ）

実的な腕モデルになる。

　図4.6では、回転が始まってから「棒の長軸を回転軸に近づける」という操作を仮定したが、図4.7では、腕の「伸展」によって自然にそれが実現する。その結果、慣性モーメントが小さくなり、瞬間的に角速度が大きくなる。つまり、**腕の準内旋と伸展を同時に行うことにより、高速スピンが実現する**のである。

　この高速スピンによって、手の軌道は図4.6のようになるため、手の軌道速度も高速になる。加えて、肘関節が手と反対向きに動かされることによって、前腕にブレーキ効果が働き、手が更に加速されるのである。

　力学的な考察から導かれるポイントをまとめる。

「腕の準内旋・伸展による手の加速」のポイント

- 腕を伸ばした状態での「内旋」は手の加速に寄与しない。
- 腕が曲がった状態から、上腕の長軸と回転軸がずれた「準内旋」と「伸展」が同時に起こることにより、角運動量保存則によって回転の加速が生まれ、手が前方に加速される。
- 同時に肘が反対向きに加速されるため、前腕にブレーキ効果が働き、手が更に加速される。
- 腕の伸展を最大限に活かすためにその前に「屈曲」が必要である。肘を鋭角に屈曲させた状態から、一気に準内旋・伸展させることが効果的。
- ただし、準内旋・伸展のための力を入れるのは一瞬で、あとは腕全体の力を抜くことが重要だ。力が入っていると、スピン加速効果やブレーキ効果を妨げてしまうからである。
- 腕を伸展させる方向は、投球方向（正面）ではない。鉛直面と30〜35°をなす方向である。この理由は4.6節で説明する。

ところで、腕を伸展させることによって回転速度を増す感覚を言葉にしたものが、「遠心力を使って投げる」ではないかと思われる。物理的には不正確ではあるが、そう表現したくなる気持ちは理解できる。

■ 4.4
ポイントは前腕と上腕のねじれ運動

┃直線（平面）的軌道の
┃内旋をどう実現するか？

　腕の準内旋と伸展の意味が明らかになり、投球動作の本質に近づいてきた。しかし、物理学的にまだ不完全だ。

　図4.6（b）（93ページ）をもう1度見ていただきたい。これは、右投げの人を上から見たときの手（ボール）の軌道になっている。大きい円から小さい円に移ることにより、たしかに速度は増すが、どうしても軌道が曲線になる。

　理想としては、**この軌道を直線にしたい**。その理由は次の2つである。

手（ボール）の軌道を直線にすべき理由

・軌道が直線に近づくほど、腕の慣性モーメントが小さくなり、より高速になる。

・リリースの直前では、手の軌道はほぼ直線でならなければならない。そうでなければ、リリースのタイミングのわずかなずれがコントロールに影響するからである。

手が直線軌道ということは、腕全体がほとんど平面上で運動していなければならない。

　準内旋・伸展という「3次元運動」を「2次元的」に起こしたい。一見矛盾した運動が、どのようにしたらできるのだろうか？

▌前腕と上腕のねじれ運動

　腕を曲げた状態から準内旋と伸展をすると、どうしても図4.6（b）のように曲がった軌道になる。これを防ぐためには、図4.8のように、**前腕を準内旋と逆向きにねじる（開く）ように運動させなければならない**。

　これは回外に近いが、前腕の長軸と回転軸がずれているので、回外と区別した「**準回外**」という用語を定義した。前腕の準回外というねじれ運動によって、腕全体として準内旋方向の角運動量を持ちながら、ほぼ平面運

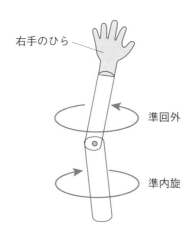

右手のひら

準回外

準内旋

[図4.8] 前腕と上腕のねじれ運動。準内旋の前に外旋・準回外をすると、一瞬、準内旋と回外を同時にできる。その結果、腕全体としては内旋方向の角運動量を持ちながら、ほぼ平面軌道を保ちながら伸展する（右投げの人が自分から右腕を見たイメージ）。

動を保ちながら伸展することができる。

　ここまで、スピン加速効果を活かしたブレーキ効果を実現するためには
どうすれば良いかを考察し、前腕と上腕のねじれ運動が重要であるという
結論に至ったが、ねじれ運動にはもう1つの力学的効果がある。それは、
肘周辺の筋肉が伸ばされ復元力が働くことである。その結果、図3.23（b）
（74ページ）の内力型ブレーキ効果が同時に働くのである。

　理屈としては分かるが、そんな器用な動作は可能だろうか？　実際に試
してみると、静止した状態から準内旋と準回外を同時遂行しようとして
も、なかなかできない。

┃ねじれ運動の作り方

　しかし、図4.9のような一連の動作の中では、慣性によってそれが可能

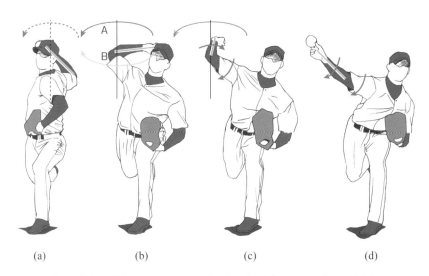

(a)　　　　　　　(b)　　　　　　　(c)　　　　　　　(d)

［図4.9］投球動作におけるねじれ運動の作り方。(a) ねじれ運動の準備動作。
(b) ねじれ運動開始。(c) ねじれ運動最大。(d) ねじれの解放。

になる。

「ねじれ運動」の作り方

(a)ねじれ運動の準備動作：まず、肘を鋭角に曲げ、肩甲骨を開いて背面に肘を突き出す形を作る。そして、体幹の回転により、肩を通る破線軸のまわりに前腕・上腕を回転させる。この間、腕を伸展させず、肘を前ではなく上に上げることがポイント。

(b)ねじれ運動開始：体幹の回転が終わったところで腕の準内旋・伸展をさせると、上腕の回転は止まる。ここで、仮に(a)からの準備動作がないとすると、上腕の内旋によって前腕はBの軌道を描く。しかし、(a)の運動による慣性により、実線軸のまわりのAの軌道で回転を続ける。

(c)ねじれ運動最大：肘が伸びると前腕の回転が回外に近づき（準回外）、平面運動に近づき、スピン加速効果により前腕が加速する。

(d)ねじれの解放：腕がほぼ伸びたところで力を抜くと、ねじれによる復元力が解放される。前腕が回外から回内に転ずると同時に、スピン加速効果と復元力による大きなブレーキ効果が生まれ、ボールが急加速する。

　一見複雑な運動の中で、前腕が360°回転している。**前腕が「縄」、上腕がそれを持つ手とする「投げ縄」のイメージに近い**。前腕は縄だから、(b)の前後では前腕が平面上で回転することが望ましい。だから、(a)で体幹を回転させる際、肘を前ではなく上に上げることがポイント、と書いた。

（a）の動作の結果として、**ボールは頭の後ろで小さい円を描く**。この小さい円軌道の重要性は、最近のwebの記事や動画でも指摘されている。ただし、このボールの円軌道だけに注目して、単に手先で円を描いても全く意味はない。ねじれ運動の準備という意味を理解し、上で述べたように体幹と腕を動かすことがポイントだ。

　（a）の腕の位置は「**トップの位置**」と呼ばれる。本書でも慣例に従いそう呼ぶが、**「高さ最大の位置」ではないので注意が必要**だ。実際、次の瞬間に肘は更に上がる。

　そのトップの位置に至るプロセスはどうあるべきだろうか。

　図4.10は投手の典型的な例である。**腕を一旦下げ、軽く内旋させながら吊り上げる**。

　この動作の利点は、**その流れで自然に肘が上がりやすいこと**である。逆に言うと、**それ意外の力学的利点はない**。したがって、図4.9（a）の最初の形を作り、その直後に体幹を回転させながら肘を更に上げることができれば、その前の動作は競技者によって様々な形があって良いだろう。

[図4.10] トップの位置［図4.9（a）］に至るまでの動作の例。腕を一旦下げ、軽く内旋させながら吊り上げる。

■ 4.5
末端の急加速の正体は
ブレーキ・シーソー効果の倍々ゲーム

▌4段階ブレーキ効果

　内旋・伸展のメカニズムが分かったところで、投球腕全体の運動を考え
よう。投球腕においてブレーキ（・シーソー）効果は、図4.11のように、
胸部・肩関節・肘関節・手首関節と4段階で働く。**ブレーキ効果1回につ
き、腕の末端（手）の速度は約2倍**になるので、うまくこの効果を働かせ
れば、倍々ゲームのように瞬時に末端が加速されるはずだ。これが、**末端
（手）がリリース直前で急加速するメカニズムの正体**である。

　図4.11がまず示すことは、肩甲骨周辺部を適切に動かすことにより、
肩周辺で2回ブレーキ効果が生まれることである。肩甲骨周辺部を動かさ

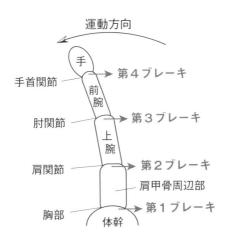

[図4.11] 4段階ブレーキ効果の模式図。肩甲骨周辺部、上腕、前腕、手に順次働く4
段階ブレーキ効果によって、ボールの高速運動が実現する。

なければ、肩関節の1回だけである。

　4つのブレーキ効果のうち、肘関節のブレーキ効果を最大限に働かせるメカニズムが、4.1節（86ページ）で説明した内旋・回内のメカニズムであった。以下では、残りの3つのブレーキ効果のポイントを説明する。

各ブレーキ効果の特徴

　ブレーキ効果の基本原理は3.3節で説明した単純なものであった。問題は、一連の自然な身体運動の中で、具体的にどのようにブレーキを働かせるかであるが、そのメカニズムは3つあった。3.6節で説明した**外力型**と**内力型**、そして4.2〜4.4節で説明した**スピン型**である。このうちの内旋型は、**肘関節で働く第3ブレーキ固有のもの**であった。

　残りの3段階のブレーキ効果は、**いずれも外力型と内力型の複合**である。例えば、胸部での第1ブレーキは、体幹の移動が止まることによるブレーキ（外力型）と、胸部周辺の筋肉や腱に働く復元力（内力型）の両方が働く。肩関節での第2ブレーキや手首関節での第4ブレーキも、同様に外力型と内力型の複合である。

　以上の考察から、4段階ブレーキ効果それぞれの特徴は表4.1のようにまとめられる。表4.1の該当部位は図3.13（61ページ）の棒に対応し、ブレーキ点とはその棒の点Aに対応する。

[表4.1] 4つのブレーキ効果

順序	該当部位	ブレーキ点	メカニズム
1	肩甲骨周辺部	胸部	外力型＋内力型
2	上　腕	肩関節	外力型＋内力型
3	前　腕	肘関節	スピン型＋内力型
4	手	手首関節	外力型＋内力型

■ 4.6
肩甲骨周辺部・上腕・手に働く
ブレーキ効果のポイント

▌第1ブレーキ：慣性力で肩甲骨を動かす

　第1ブレーキでまず重要なことは、肩甲骨を後ろに動かすことである。その理由は可動域を作ること。肩甲骨は前にはほとんど動かないので、後ろに動かさなければブレーキ効果が働かない。更に、後ろに動かすことにより、大胸筋やその周辺の腱が引き伸ばされ、復元力による内力型ブレーキが働くことである。

　ただし、肩甲骨を後ろに動かすといっても、**筋力で精一杯胸を反らせてはならない**。筋力で肩甲骨を動かしたのでは、その筋力が復元力を邪魔す

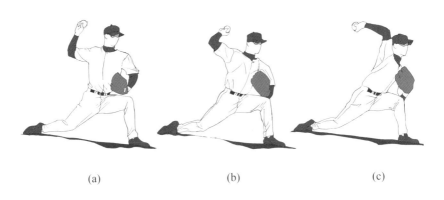

(a)　　　　　　　　　　　　(b)　　　　　　　　　　　　(c)

[図4.12] 図4.9（a）〜（c）と同じ動作を角度を変えて見た図。（a）両肩を結んだ線上に肘を上げ、肩甲骨を軽く開く。（b）体幹の回転により腕全体に後ろ向きの慣性力が働き、肩甲骨が開く。（c）体幹の移動が止まること（外力）と胸部周辺の復元力（内力）により、肩甲骨周辺部の回転が加速する。

るからである。そこで、**慣性力**を利用する。前節では、上腕と前腕のね じれを作るための動作として図4.9（98ページ）を示したが、その（a）から （b）までの体幹の回転を素早くすると、**慣性力によって肩甲骨周辺部は 自然に後ろに動く**。図4.9と同じ動作を角度を変えて見たのが図4.12（103 ページ）であり、その（a）～（c）は図4.9の（a）～（c）に対応する。

上腕と前腕のねじれ動作

（a）両肩を結んだ線上に肘を上げ、肩甲骨を軽く開く。強く開 きすぎないことがポイント。

（b）体幹を回転させると、腕全体に後ろ向きの慣性力が働き、 肩甲骨が更に開く。

（c）体幹の回転と並進運動が止まることで、肩甲骨周辺部の胸 部側に外力型のブレーキがかかる。これに復元力という内 力型のブレーキもかかり、肩甲骨周辺部の回転が加速する。

　第1ブレーキでもう1つ重要なことは、**肩甲骨周辺部にできるだけ大き い並進速度を与え、急ブレーキをかけること**である。これは、下肢・体幹 の運動に関わることなので、次章で議論する。

▎第2ブレーキ：肩の力を抜く／肘を下げない

　図4.13（a）のように、肩甲骨は自然な状態で、両肩を結ぶ直線に対して 30～35°の方向を向いている。そこから後方には動くが、前方にはほとん ど動かない。したがって、第1ブレーキによって加速した肩甲骨は、この 位置で急減速する。これが**肩関節に働く第2ブレーキ**である。

そして、図4.13（b）のように、**その肩甲骨の向きに腕を伸ばしたところが最適なリリースポイント**となる。

　肩の力が抜けていれば、第2ブレーキ効果で自然に上腕が加速する。うまく投げられない人の大部分はこれができない。どうしても、肩関節周辺の筋肉を使って上腕を前に押してしまいがちなのだ。そうすると、ブレーキ効果で生まれる慣性力を妨げてしまう。**これが、指導者や熟練者がよく言う「肩の力を抜け」の意味である。**

　しかし、肩の力を抜くべきなのは第2ブレーキの瞬間のみである。その前段階において、**肘の高さを保つ力を抜いてはならない**。その理由は、第2ブレーキの直前まで両肩を結ぶ線と上腕を一直線に保ち、肩甲骨周辺部と上腕を「1つの棒」にしなければならないからである。肘が下がっていると上腕が肩甲骨と連動せず、肩甲骨周辺部が加速したときの慣性力で、上腕が後ろに戻されてしまう。**これが、「肘を下げるな」という言葉の意味である。**

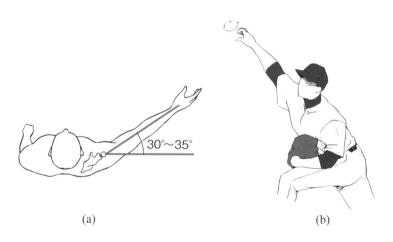

(a)　　　　　　　　　　　　　　　　　(b)

[図4.13] 肩甲骨の構造とリリースポイント。(a) は図2.3 (b) の再掲で、自然な状態にある肩甲骨の向き。(b) は図4.1右の再掲で、リリース時のフォーム。(a) と同じく、両肩を結んだ直線に対して30 〜 35°の向きでのリリースが最適である。

▌第4ブレーキ：スナップ≠手首の力

　4段階ブレーキ効果がうまく働けば、復元力とスピン加速効果の援護を受けたブレーキ効果の倍々ゲームによって、瞬時に手の振りが高速になる。肩甲骨周辺部・上腕・前腕は加速直後に減速し、末端の手だけが高速になるため、**あたかも突然手首からものすごい力が発揮されたように見える**。その現象が「**スナップ**」と表現されているのではないだろうか。決して、手首の筋肉で力を生み出しているわけではない。反対に、**手首はボールを落とさない最小限の力以外、できるだけ力を抜く必要がある**のだ。

　辞典に「スポーツなどで、動作の瞬間にはたらかせる手首の力」と書かれているように、多くの人が「スナップ」の意味を誤解している。したがって、メカニズムを正確に伝えることなく「スナップを効かせろ」ということは、逆効果になることが多いだろう。肩に力を入れてはいけないように、**手首に力を入れてしまってはスナップは効かない**のである。

■ 4.7
様々な球技に共通する上肢の
運動メカニズム

▌投球腕の運動メカニズムのまとめ

　この章で説明した投球腕の運動メカニズムを要約すると、右ページのようになる。

　このメカニズムの発見には、一見全く異なる剣道面打ち運動の研究がヒントになった。野球の投球に比べて面打ちは一見単純なのに、初級者と熟練者の振りの速さはなぜあんなに差が出るのか？　その疑問の答えを見つ

- 「７つの基本メカニズム」(46ページ) の「③ブレーキ効果」、「⑥復元力の効果」、「⑦スピン加速効果」の協調現象である。

- ブレーキ効果が肩甲骨周辺部・上腕・前腕・手首と４段階で起こると、倍々ゲームのように瞬時に末端が高速になる。

- 意図的に止める外力型ブレーキだけではエネルギーロスが大きい。そのため、弾性力を利用した内力型と、角運動量保存則を利用したスピン型ブレーキをいかに使えるかが鍵となる。

- コントロールを安定させるためには、リリース直前のボールを持つ手の軌道が直線でなければならない。ブレーキ効果を最適化する上腕と前腕のねじれ運動は、結果的に手の直線軌道も実現する。

上記のメカニズムを実現させるためのコツ

- 一般にブレーキ効果で重要なのは、慣性力や復元力による自然な加速を妨げないこと。そのために、ブレーキ効果の働く瞬間その関節周辺の力を抜かなければならない。

- **第1ブレーキ（胸部）**：大胸筋とその周辺の腱の復元力を利用するため、肩甲骨を後ろに反らせなければならない。その際のポイントは、両肩を結んだ線上に肘をあげることと、筋力ではなく慣性力を主に使うこと。体幹の急回転によって肩甲骨周辺部が後ろに残り、結果的に反る形になる。

- **第２ブレーキ（肩関節）**：後ろに反った肩甲骨は、自然な位置（両肩を結ぶ直線に対して30〜35°の向き）に戻ると急減速す

る。その位置で肩関節周辺の力を抜き、リリースすることがポイント。

- 第3ブレーキ（肘関節）：ここだけスピン型ブレーキが主役となり、そのために腕を曲げた状態から準内旋・伸展させる。しかし、それだけでは手が曲線軌道になる。準内旋をさせながら手を直線軌道にするために、同時に準回外をさせなければならない。上腕の準回外と前腕の準内旋を同時に起こすねじれ運動を実現するために、図4.9 (98ページ) のように腕を曲げて肘を大きく回転させる予備動作がポイントとなる。

- 第4ブレーキ（手首関節）：第3ブレーキ効果までがうまく働いていれば、腕の構造上前腕は加速直後に減速し、第4ブレーキは自然に実現する。ポイントは、手首はボールを落とさない最小限の力以外、できるだけ力を抜くこと。

けようと、単純な力学モデルから出発して考えているうちに、投球動作にも通じるメカニズムに発展したのである。投球動作は一見かなり複雑なので、それだけを研究していたら、メカニズムの解明に至らなかったかもしれない。

　したがって、**投球動作のメカニズムを理解する上で、他のスポーツ競技と比較することは非常に意味がある**と思われる。例えば、ゴルフ・テニス・バドミントン・バレーボール等、上肢を使う多くの競技では、共通のメカニズムがありそうだ。その中から**テニスのサーブ**を取り上げ、以下で議論する。

テニスのサーブ動作の場合

　テニスのサーブでは、図4.14（a）の**コンチネンタルグリップ**が標準的な握り方と言われる。ラケット面を真横に向けて、包丁を握るように上からつかむので、通称「**包丁握り**」と呼ばれる。一方、図4.14（b）のように少し面を傾けたイースタングリップの方が、初級者には打ちやすい。なぜ、包丁握りの方が良いとされるのだろうか。

　実際に打ってみるとすぐに分かるが、**包丁握りでは腕を準内旋させないと、インパクトの瞬間にラケットが正面を向かない**。包丁握りを採用することにより、狙ったところにボールを打つためには、準内旋が強制されるのである。テニスのサーブにおいても、投球動作と同じように、準内旋が力学的ポイントの一つであると言える。

　ただし、投球の場合、準内旋だけでは不十分であり、手を直線軌道に近づけるためには、準内旋と同時に前腕を準回外させる必要があった。それ

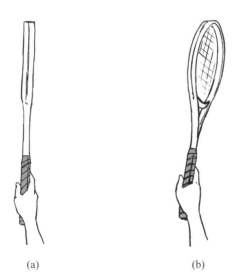

(a)　　　　　　　　　　　　(b)

[図4.14] テニスのラケットの握り方。(a) 標準的なコンチネンタルグリップ（包丁握り）。(b) 初級者に打ちやすいイースタングリップ。

を実現するために、腕を曲げて肘を大きく回転させる予備動作が必要であった。テニスのサーブの場合はどうだろうか。

　図4.15はテニスの熟練者のサーブ動作である。**(d)(e)の腕とラケットの向きから、(d)のインパクトの瞬間内旋していることが分かる。**そのために、肘を曲げた(c)から準内旋が始まっている。そして、その前に(a)→(b)→(c)とラケットが180度以上回転している。このことによって、(c)で準内旋と同時に準回外が、つまり上腕と前腕のねじれ運動が実現している。(a)～(e)全体として、**肩甲骨周辺部・上腕・前腕・手と4段階のブレーキ効果が働いていることも見てとれる。**

　テニスは手の先にラケットというもう1つの部位があるので、もちろん投球動作との違いはあるが、多段階ブレーキ効果が軸となり、各ブレーキにおいて内力型とスピン型が重要な役割を果たすという運動メカニズムは共通である。そして、そのメカニズムがより明確に現れているという意味で、投球腕の運動メカニズムを理解する上で参考になるだろう。

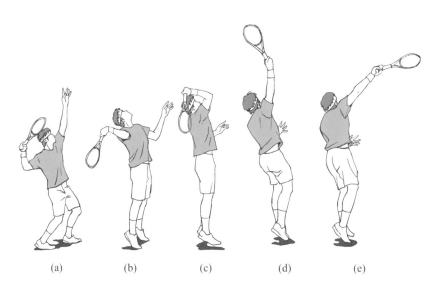

　　(a)　　　　　(b)　　　　　(c)　　　　　(d)　　　　　(e)

[図4.15] テニスの熟練者のサーブ動作

【第五章】

軸脚・踏み出し脚・体幹・グラブ腕の役割を一つ一つ理解しよう

■5.1
「ヒップファースト」から始まる様々な加速メカニズム

┃倍々ゲームの初速度を与える脚・体幹の運動

　第4章では、腕の運動連鎖はブレーキ効果の倍々ゲームであることを示した。「倍々ゲーム」ということは、**速度は「足し算」ではなく、初速度からの「掛け算」**。はじめがゼロなら何倍してもゼロ。つまり、腕の運動が始まる前の初速度のわずかな差が、最終的な球速に大きな差を生み出すことになる。**その初速度を与えるのが脚・体幹の運動**。だから、投球において下半身は重要だと言われる。

　この章では、脚・体幹に加えてグラブ腕の運動が球速を上げるメカニズムと、実践における留意点を説明する。「基本メカニズム」(46ページ) の①～⑦全てが関わっている。

┃改めて、なぜ「ヒップファースト」か？

　プロの投手は例外なく、図5.1 (b) から (c) のように腰が先行する。このヒップファーストは、「基本メカニズム」の①から⑦まで全てが関わっている。そこでまず、ヒップファーストがどのように様々なメカニズムに関わっているかを概観する。

・①重力の効果
　まず、投球方向への最初の加速度は、軸脚が倒れることによって生まれる。3.1節 (48ページ) で説明したように、その倒れる加速度は、同じ軸脚の傾角でも上半身の姿勢によって変わる。図5.1のように、**上半身を真っ**

直ぐにして上半身の体重を腰に乗せると、軸脚が図3.6（b）（54ページ）の棒モデルと等価になり、最も速く倒れる。

・④遠心力と⑤作用・反作用が関わる踏み出し脚の運動
　腰を先行させて踏み出し脚を残すことによって、図5.1（c）のように振り子の準備ができる。3.3節（59ページ）で説明したように、**踏み出し脚が振り子運動すると、遠心力によって腰が脚の方向に引っ張られる**。また、3.5節「開脚角60°の法則」（70ページ）によると、開脚角が60°未満のとき、脚周辺の筋肉を使って踏み出し脚を出すと、脚から腰に働く反作用で体幹は減速する。この反作用を最小にするためにも、**筋力をできるだけ使わない振り子運動が重要**である。詳しくは5.2節で説明する。

・②エレベーター効果
　図5.1（c）のように、軸脚を倒しながら膝を曲げて沈む。(d) のように落

| (a) | (b) | (c) | (d) |

[図5.1] ヒップファーストと踏み出し脚の運動。(a) 脚を高く上げる。(b) 踏み出し脚は後方に伸ばし、腰を前に出す。軸脚は、前方に倒しながら膝を曲げて、腰を落とす。(c) 軸脚にあまり力を入れず、単振り子と円錐振り子の中間的な振り子運動をさせる。(d) 踏み出し脚は、膝頭をやや後方に向けながら前に出す。

下が減速すると、下向きの慣性力が働き、次の節で説明する踏み出し脚の振り子運動が加速する。これが3.2節（55ページ）で説明した**エレベーター効果**であるが、ヒップファーストがなければこの形がつくれない。詳しくは5.3節で説明する。

・体幹の⑥復元力を利用した③ブレーキ効果

図5.1 (d) の次の局面で、臀部にしなりを作って背部・胸部と移動させることにより、**内力を使った連続ブレーキ効果**を起こすことができる。腰を先行させて体幹を遅らせることにより、このしなりが作りやすくなる。

・体軸周りの角運動量と⑦スピン加速効果

図5.1のように腰を前に出すと、必然的に踏み出し脚と上半身全体が少し後ろを向き、ひねりが作られる。そこから上半身が戻り、踏み出し脚が振り子運動することによって、**自然に体軸周りの角運動量が作られる**。そして、**リリース直前のスピン加速効果につながる**。詳しくは5.5〜5.6節で説明する。

ヒップファーストのポイント

図5.1 (b) の形を作るポイントは、軸脚側の股関節を「**内旋屈曲**」（2.3節で定義）させることによって、次の2つの形を作ることである。

ヒップファーストのポイント

・頭から腰まで、上半身を1つの剛体棒のように真っ直ぐな形に保つこと。軸脚側の股関節を内旋屈曲させると背中を真っ直ぐに保ちやすくなり、図3.6 (b) の棒モデルの形に近くなる。

・上半身を投球方向と反対向きに少し傾けること。その利点は2つあり、1つは上半身がすぐに倒れることを抑制し、踏み出し脚の振り子運動をさせる「間」をとること。軸脚に体重を乗せて股関節を内旋屈曲させると、必然的に上半身が反対向きに傾く。もう1つの利点については5.4節で説明する。

■ 5.2
遠心力と作用・反作用の鍵となる踏み出し脚の運動

┃なぜ脚を高く上げるのか？

　腰を突き出す前に、図5.1 (a) のように脚を高く上げる投手が多い。**その力学的意味は、振り子運動のための重力エネルギーを蓄えること**である。

　脚の最高点から力学的エネルギーが保存すると仮定すると、脚に働く遠心力は最高点の高さに比例する。したがって、バランスが崩れない限り、**脚の高さは高いほど良い**。この力学的意味を考えると、自ずと踏み出し脚の動かし方は決まってくる。

　初級者がやりがちなのは、脚を自分の筋力で前に運んでしまうことである。それでは、せっかく蓄えた重力エネルギーが無駄になってしまう。重力エネルギーを運動エネルギーに転換させるためには、**ボールが斜面を転がるように、脚が滑らかに降りなければならない**からだ。

　そのためには、図5.1の (a) → (b) → (c) のように、**踏み出し脚は一旦後ろに伸ばし、大きな振り子運動をさせる**。その振り子が円錐のような軌道を描くとき、体軸まわりの角運動量も生まれる。

筋力で脚を運んではならない理由は、**筋力で脚を前に運ぶとその反作用で腰が後ろに戻されるから**だ。ただし、完全に脚の力を抜いたら地面に着いてしまうので、円錐に近い保つための力は加えなければならない。その適切な力加減を練習で習得することが重要である。

｜「開脚角60°の法則」の応用

　3.5節の「開脚角60°の法則」(70ページ) によると、開脚角が60°を超えるまでは踏み出し脚を筋力で上げてはならない。そして、**開脚角が60°を超えてから筋力で踏み出し脚を上げると、その反作用で体幹の速度が増す。**
　実際、プロの投手の投球動作を見ると、この法則に従い、開脚角が60°を超えてから踏み出し脚の大腿部が上がっている。この法則を意識している投手などいないと思うが、なぜ無意識に実現できるのだろうか。

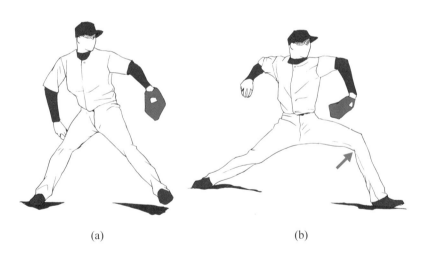

(a)　　　　　　　　　　　　　　　(b)

[図5.2] 開脚角60°の法則に則った踏み出し脚の運動。(a) 振り子の延長で膝頭を後方に向けて (つまり絞って) 前に出す。(b) 開脚角が60°を超えたところで膝を緩めると、股関節周辺の復元力で膝を開き、踏み出し脚の大腿部が上がる。

ここにもヒップファーストの形が関わっている。投手の場合、図5.1（a）
→（c）のように、踏み出し脚を上げ、後ろに伸ばしてから振り子運動させ
ると、自然に踵（かかと）が先行する。意図的に膝を開かなければ、図5.1（d）や図
5.2（a）のように、膝頭が後方を向いた形、つまり膝が絞られた形で前に
出る。このとき、**股関節周辺に復元力が働くため、その膝を緩めると自然
に復元力が働き、図5.2（b）のように膝が開いて大腿が上がる**のである。

　野手の場合、踏み出し脚はほとんど上げないので、図5.1（a）→（c）の
ような動作にはならないが、図5.2（a）→（b）の局面はほぼ同じである。
踏み出し脚の膝頭を後ろに向けるべきかどうかは、ポジションや状況によ
る（5.5節、127ページ）。

　膝が開くタイミングが早いと、いわゆる「**体の開きが早い**」ということ
になる。体の開きが早いと球速が落ちる原因の1つが、開脚角60°の法則
に反していることである。

▌踏み出し脚を振り上げる最適なタイミングは？

　踏み出し脚を振り上げる最適なタイミングは、開脚角が何度のときだろ
うか？　振り上げる力を一瞬だけ働かせるならば、**開脚角が90°のとき**、
つまり軸脚の傾角が45°のときが、最も効果的である。しかし、実際に働
かせる力に時間的な幅があり、その間に開脚角が増加する。したがって、
振り上げ始めるのは、**開脚角が60°と90°の間が良い**ということになり、
その中でどこが最適かは個人差がある。

　上で説明したように、踏み出し脚を「さあ上げよう」と思って上げるの
ではなく、膝を絞ることによって股関節周辺に復元力が働き、その結果
「反射的に」上がるのが望ましい。したがって、踏み出し脚は「**開脚角60°
を超える前に意図的に上げないように**」注意して、それ以上は意識し過ぎ
ない方が良いだろう。

■5.3
２種類のエレベーター効果：
投手型と捕手型

投手型エレベーター効果

　3.2節 (55ページ) で説明したエレベーター効果とは、**体 (の一部) が下降
して減速するとき、下向きの慣性力が働き、重力が瞬間的に増加するのと
同じ効果をもたらす**ことであった。そして、投球動作においては次の３つ
の現象が起こりうることを説明した。

「投手型エレベーター効果」の３つの現象

（ⅰ）腰とともに落下する仮想エレベーターの減速によって、踏
　　　み出し脚の振り子運動が加速される。

（ⅱ）膝と共に落下する仮想エレベーターの減速によって、大腿
　　　の倒れが加速される。

（ⅲ）（ⅰ）または（ⅱ）のブレーキの反作用として、足や膝に復元
　　　力が作られる。

　以下に説明するように、投球動作におけるエレベーター効果は２つのタ
イプ、**投手型**と**捕手型**に大別され、投手型では主に (ⅰ) が、捕手型では主
に (ⅱ) が実現する。

　まず、図5.3の投手型エレベーター効果について考えよう。

　軸脚を倒しながら膝を曲げると腰は下降し続けるので、腰と共に移動
する仮想エレベーター（イラスト破線内）を考える。仮想エレベーターは

（c）と（d）の間で減速に転ずるため、そのとき踏み出し脚と上半身に下向きの慣性力が働く。したがって、上記（i）〜（iii）うち**(i) の踏み出し脚の加速が最も顕著に現れる。**

図5.3（d）の姿勢が重要なので、正面から見たイメージを図5.4に示した（120ページ）。この動作のポイントは次の3つである。

「図5.3（d）」の動作のポイント

・5.1節で説明したヒップファーストができていること。つまり、軸脚側の股関節を内旋屈曲させることによって、上半身を1つの剛体のように真っ直ぐな形に保ち、上半身を投球方向と反対向きに少し傾ける。

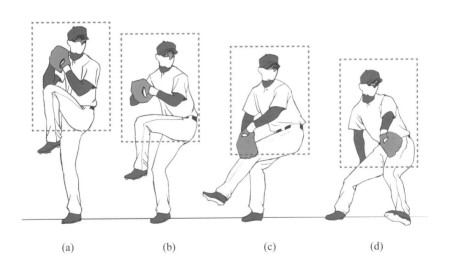

| (a) | (b) | (c) | (d) |

[図5.3] 投手型エレベーター効果。図3.7を再掲。破線は腰と共に移動する仮想エレベーターを表す。仮想エレベーターは（a）から（d）まで落下するが、（d）付近で減速するため、その時踏み出し脚・上半身に下向きの慣性力が働く。この局面で、踏み出し脚の振り子運動が加速する。

- ・軸脚を傾けながら膝を曲げて、内旋屈曲をより深くすること。図5.4のように、上半身が前（右投手の場合は三塁側）により傾き、腰が後ろに突き出る形になる。内旋屈曲を深くできないと、背中が曲がったり、腰があまり下がらなかったりする。

- ・エレベーター効果が働けば、踏み出し脚の振り子運動は自然に加速されるので、意図的に運ぼうとしない。

ヒールアップ投法

　投手型エレベーター効果をより大きくするにはどうすれば良いだろうか？　体の落下距離が大きいほど、落下が止まったときの慣性力が大きく

[図5.4] 図5.3（d）を前から見た図。ヒップファーストの形から、軸脚を傾けながら膝を曲げて、内旋屈曲をより深くする。

なるわけだから、**背伸びをするように踵を上げることが1つの方法**だ。

　この動作を「**ヒールアップ投法**」と呼ぶこともある。映像で調べてみると、歴代のプロ野球選手の中でもこのタイプの投手は意外と少なく、稲尾和久氏・江川卓氏・阿波野秀幸氏など、数えるほどしかいない（図5.5）。**力学的効率は良くても軸脚に大きな負担がかかる**ため、ヒールアップで安定的に投げ続けることはプロでも難しいのかもしれない。

　現役選手の中では、ヤクルトスワローズの小川泰弘選手がヒールアップ投法である。

　軸脚である右脚の踵を上げ、左脚を大きく振り上げるというダイナミックなフォームであるが、一点気になることがある。

　左脚を下ろす途中で再び上げる**二段モーション**だ。二段モーション自体は悪くないが、注意しなければならないことは、**下ろしかけた脚をまた上げてしまうと、はじめの位置エネルギーがリセットされてしまう**のだ。つ

[図5.5] 軸脚の踵を上げるヒールアップ投法。投手型エレベーター効果がより大きくなる。

まり、二段モーションの場合、踏み出し脚も軸脚の踵も**2回目に上げた位置エネルギーだけが力学的に活用できる**のである。

　したがって、ヒールアップによる位置エネルギーを活かすのであれば、二段モーションにならないように、一連の動きで踏み出し脚を振り子運動させなければならない。小川投手は2020年8月にノーヒットノーランを達成するなど、既に大活躍されているが、その点を改善されると**球速は更に伸びる**のではないかと思う。

捕手型エレベーター効果

　野手の場合、投手のように軸脚一本で立ってから倒れたり、踏み出し脚を振り子運動させたりする時間はないので、エレベーター効果の活かし方

[図5.6] 捕手型エレベーター効果。踏み出し脚を地面から離すと、軸脚に乗った体がわずかに沈んで止まり、下向きの慣性力が働く。軸脚に体重が乗り切ったときに、軸脚と地面のなす角が約45°になることが最適である。

が投手と違ってくる。更に、野手はポジションや状況によって送球動作に違いが現れるので、一括りに議論することはできない。ここでは、投手型との違いが最も顕著な**捕手型エレベーター効果**について説明する。

　捕手の場合、座った構えから立ち上がりながら送球動作に入るので、図5.3（119ページ）の投手型のように、軸脚の膝を伸ばした状態から曲げて沈む動作はできない。しかし、エレベーター効果が働く瞬間がある。それは、**踏み出し脚を地面から離す瞬間**だ。投手型に比べると沈み幅は小さいが、軸脚に乗った瞬間に膝が沈んで止まり、下向きの慣性力が働く。その結果、主に軸脚の大腿が前に倒れる力に寄与する。つまり、118ページの「3つの現象」（ⅰ）〜（ⅲ）のうち（ⅱ）が最も顕著に現れる。

　ポイントは、軸脚に体重を乗せる前に軸脚を前に傾けておくこと。3.2節の図3.10（58ページ）を思い出して頂きたい。重力と違って、エレベーター効果における慣性力は一瞬のピークである。その瞬間に軸脚がほとんど傾いていないと、せっかく下向きの慣性力が働いても前方への加速につながらないからである。図5.6のように、**軸脚に体重が乗り切ったときに、軸脚と地面のなす角が約45°になることが最適**である。

　軸脚に体重を乗せる瞬間に軸脚を前傾にするために、送球前のステップが重要である。ステップの目的は、投球方向に勢いをつけるためではなく、エレベーター効果に最適な形を作るためと考えた方が良い。

　捕手に限らず、**キャッチボールは安定しているのに守備になると悪送球が多い人は、このエレベーター効果を使う脚の動きができていないことが多い**。

┃「体重移動」の本当の意味

　ソフトバンクホークスの甲斐拓也選手の盗塁を刺す動作を見ると、投手からの投球を捕球する直前に左脚（踏み出し脚）を前に出すことが多い。この動作の1つの意味は、**左脚が前、右脚が後ろという形にすること**であ

る。しかし、目的がそれだけならば、はじめから左脚を前に出しておいて
も同じだ。**捕球の直前に左脚を出す力学的利点は、左脚に体重を乗せるこ
とと、その間に右脚の前傾を作ること**である。その直後に右脚に体重を移
すことによって、より大きいエレベーター効果が生まれるのである。

　よく「**体重移動**」という言葉が使われるが、それは大抵、**軸脚から踏み
出し脚への体重移動**を意味する。しかし、軸脚から踏み出し脚への体重移
動は動作の結果であり、それを意識したところで結果は変わらない。結果
に差が出るのは、**その直前の踏み出し脚から軸脚への体重移動**だ。軸脚に
体重を乗せた瞬間に働く慣性力を大きくするために、その直前に踏み出し
脚に体重を乗せなければならない。そして、その間に軸脚の前傾を作るの
である。

■ 5.4
体幹における
ブレーキ・シーソー効果

▌上半身を反対向きに傾けるもう１つの理由

　5.1節のヒップファーストのポイントの１つに、**軸脚を前に傾けるとと
もに、上半身を投球方向と反対向きに少し傾ける**ことを挙げた。その理由
として、上半身がすぐに倒れることを抑制し、踏み出し脚の振り子運動を
させる「間」をとるためと説明した。

　それだけが理由ならば、踏み出し脚の振り子運動がない素早い送球で
は、傾ける必要がない。しかし、**プロの野手の素早い送球を見ると、上半
身が反対向きに傾くことが多い。**

　実は、上半身を反対向きに傾ける動作にはもう１つの理由がある。それ

が次に説明する、**体幹におけるブレーキ効果の準備**である。

▌体幹におけるブレーキ・シーソー効果

　投球腕の加速メカニズムを一言でいうと、胸部・肩関節・肘関節・手首関節に働く4段階ブレーキ効果であった。体幹でも同じように、その前段階でブレーキ効果が起こる。まず、**踏み出し脚が地面に着いた瞬間に、股関節周辺に働くブレーキ効果**。続いて、**腰部・背部の弾性を利用した内力型ブレーキ効果**。その概略を図5.7（126ページ）に示した。

体幹におけるブレーキ・シーソー効果

(a) 踏み出し脚が接地すると、踏み出し脚側の股関節に外力型ブレーキが働き、股関節中心の回転が生まれる。意図的にブレーキをかけるのではなく、踏み出し脚側の股関節を内旋屈曲を意識すると、しっかり減速する。また、この時上半身が投球腕側に傾いていると臀部にしなりができ、次の（b）につながる。

(b) 重力やエレベーター効果を使う局面では体幹を剛体のように使うことが最適であったが、この局面では体幹をしならせ弾性体のように。上半身の回転（前傾）に合わせて、しなりを腰部に移動させる。背部がしなると復元力がうまれ、内力型ブレーキ効果が働く。

(c) 上半身の回転に合わせて、しなりを胸部に移動させる。ここで起こるのが、投球腕の第1ブレーキ効果である。

このように、臀部から胸部へとブレーキ効果が連続的に起こる。これが体幹での運動連鎖であり、下肢でつくった速度が増幅されて胸部に伝わる。そして、投球腕の4段階ブレーキ効果につながるのである。

■5.5
体軸周りの角運動量に注目した
動作のポイント

┃角運動量を作る最初の動作

フィギュアスケートのスピンは、まずスピンの向きと反対向きに両腕を移動し、そこから戻る力で角運動量を作る。一旦スピンが始まったら、も

(a)   (b)   (c)

[図5.7] 体幹におけるブレーキ効果。矢印はブレーキが働く場所を示す。(a) 踏み出し脚側の股関節に外力型ブレーキが働き、股関節中心の回転が生まれる。(b) 背部がしなると復元力がうまれ、内力型ブレーキ効果が働く。(c) しなりが胸部に移動し、投球腕の第1ブレーキとなる。

う角運動量は作れない。あとは、一定の角運動量で角速度を増やすために慣性モーメントを小さくするだけだ。つまり、**体全体の角運動量を作ることができるのは最初の動作**である。

投球動作もほぼ同じである。はじめに投球方向と反対向きに上半身と踏み出し脚を回転させ、戻る力を使って体軸周りの角運動量を作る。そのための動作の1つが図5.1（b）のようなヒップファースト。腰を少し後ろに向ける形ができれば、その上に乗っている上半身も同じ方向を向くので、**軸脚に対するひねりが自然にできる**。

野手の送球の場合、投手のような大きな動作はできないが、**角運動量を生むために、グラブ腕の肩と肘を内側に入れてひねりを作ることが重要**だ。

内野手の場合、捕球してから素早く投げなければならないので、図5.8のように、両膝を投げる方向に向けたまま上肢だけひねることが多い。一方、外野手の場合、より遠くに速く投げるために下肢のひねりも使う必要があるので、小さなヒップファーストの形になる

[図5.8] 内野手の送球動作。角運動量を生むために、グラブ腕の肩と肘を内側に入れて上肢にひねりを作る。

角運動量を最大限に活用するための
股関節の運動

　投球動作において、「腰の回転を使え」と言う人もいれば、「腰を回転させるな」と言う人もいる。「軸脚で地面を強く蹴れ」と言う人もいれば、「軸脚で地面を蹴るな」と言う人もいる。一体どちらが正しいのだろうか？

　体軸周りの角運動量に注目すると、自ずと答えが導かれる。フィギュアスケートのスピンは全身を回転させるので、全身に角運動量を与える必要がある。一方、投球動作はボールを加速させることが目的なので、全身に角運動量を与える必要がない。一旦角運動量を作った後は、できるだけ大きい角運動量を上肢に分配するために、下半身に渡す角運動量は最小限にしたい。したがって、**軸脚はできるだけ残し、腰はできるだけ回転させない方が良い**という結論に至る。

　そのために重要なのは、股関節の内旋屈曲である。投球動作において、軸脚は横向きから回転して正面を向かなければならない。仮に、股関節の内旋も外旋もしないで軸脚を正面に向けようとすると、図5.9 (a) のように、骨盤全体を正面に向けなければならない。しかし、図5.9 (b) のよう

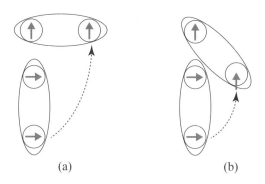

(a)　　　　　　　　　　(b)

[図5.9] 骨盤と股関節の動きを上から見た模式図。円は股関節を表し、その中の矢印は足の向きを表す。(a) 骨盤の内旋・外旋なしの場合。(b) 骨盤の内旋・外旋ありの場合。

に軸脚を内旋させ、踏み出し脚を外旋させると、骨盤をあまり回転させることなく軸脚を正面に向けることができる。このうち、踏み出し脚の外旋は自然にできるが、問題は軸脚の内旋だ。**内旋のみさせるのではなく、膝と股関節を緩めて内旋屈曲させることがポイント**で、その方が重力の効果によって容易に素早くできる。これは、実際に体を動かしてやってみると実感できるだろう。

　プロの投手のリリースの瞬間を見ると、図5.10 (b) のように**軸脚は地面から離れず、腰はあまり回転していない**ことが分かる。腰が回転したり、軸脚が勢いよくはね上がったりするように見えるのは、(c) のリリース後の流れに過ぎない。

　そのために重要なことは、(a) → (b) の段階で**踏み出し脚側の股関節をしっかり内旋屈曲させること**である。それがないと、踏み出し脚が体幹と一緒に回転しようとして、いわゆる「**膝が開く**」形になる。

「踏み出し脚はどの向きに出すのが最適か？」という議論がある。踏み出し脚が開きすぎたら内旋屈曲できないし、反対に投球方向に対して垂直に近いと体幹の可動域が狭くなる。よって、投球方向に対して0°から投球

(a)　　　　　　　　　　(b)　　　　　　　　　　(c)

[図5.10] リリースまでの軸脚と腰の残し。(b) のリリースまで、軸脚は地面から離れず、腰はほとんど回転しない。腰が回転したり、軸脚が勢いよくはね上がったりするように見えるのは、(c) のリリース後の流れに過ぎない。

腕側45°程度の間でなければならないと考えられる。しかし、股関節の柔軟性や投球腕の出る角度によって個人差があるため、具体的な最適角については一概には言えない。重要なのは踏み出し脚側の股関節を内旋屈曲することなので、それが安定的にできる向きに踏み出し脚が出ていれば、それで十分である。

■5.6
スピン加速効果を生むグラブ腕の運動

グラブ腕の働きに関する誤解

　グラブ腕の働きに関するよくある誤解は、図5.11 (a) のようなイメージである。グラブ腕を前方から引きつけるとその反動で投球腕の肩が前に出る、と考えがちだ。しかし、**正しい力の働きを表しているのは図5.11 (b)** である。内力でグラブ腕を手前に引きつけると、その反作用によって

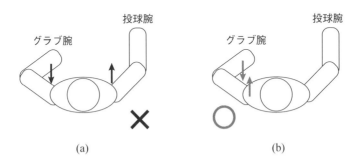

(a)　　　　　　　　　　　　　(b)

[図5.11] 投球腕の働きに関するイメージ。(a) のように、グラブ腕を正面から引きつけるとその反動で投げる方の肩が前に出る、というイメージは誤り。実際には (b) のように、グラブ腕を正面から引きつけると、その反作用は体幹の回転を妨げる向きに働く。

グラブ腕側の肩にグラブ腕向きの力が働く。その結果、**体幹の回転を妨げる向きに力のモーメントが加わる**。したがって、この誤ったイメージで体の正面からグラブ腕を引きつけると逆効果になる。

グラブ腕は引くのか止めるのか？

　実は、このグラブ腕の役割もまた、前節で説明した体軸周りの角運動量に関係する。

　フィギュアスケートでは、両手を広げて回転を始めた後、両手を縮めて慣性モーメントを小さくすると、角運動量保存則から高速スピンが実現する。投球動作も同じことが起こる。つまり、角運動量がある状況でグラブ腕を引きつければ、回転が加速するはずだ。ただし、図5.11 (a) のように正面からグラブ腕を引きつければ逆効果になる。したがって、**グラブ腕は体幹に対して横から近づけなければならない**、という結論に至る。体の開きが早いと、図5.11 (a) のような動きになりやすいので注意が必要だ。

　図5.12 (132ページ) は１つの理想的な投球動作である。

　(a) で前に出していたグラブ腕を、(b) → (c) → (d) と**体幹に横から引きつけている**。ただし、**グラブの高さは体軸周りの角運動量に影響しない**。図5.12の例ではグラブを抱え込むように引きつけているが、例えばグラブを下に落とす動きでも構わない。また、グラブ腕は体幹に対して横から近づけると、結果的に胸部を反る形となり、肩甲骨周辺部に働く第１ブレーキにも寄与する。

　最近、「**グラブは止めた方が良い**」という複数のweb記事を目にした。一見上記の説明と対立するように思われそうなので、補足説明した方が良いだろう。

　外から見てグラブが止まるということは、グラブ腕を引く動作と体幹が前に出る動作のタイミングと速さが一致することを意味する。したがって、**グラブ腕を引くことと止めることが対立するわけではなく、「止める」**

ことは、引くタイミングと早さを限定することを意味する。

　体の開きが早い人や、図5.10 (a) のように体の正面からグラブを引きがちな人には、「止める」という意識によって改善される可能性がある。ただし、止めること自体に力学的意味があるわけではないので、「引くのか止めるのか？」という議論はあくまで意識の問題と捉えた方が良いだろう。

(a)　　　　　　　　　　　　　　(b)

(c)　　　　　　　　　　　　　　(d)

[図5.12] 体幹でのスピン加速効果。(a) で前に出していたグラブ腕を、(b) → (c) →
(d) と体幹に横から引きつけることにより、回転が加速する。

「体を開くな」とは？

投球について「**体を開くな**」とよく言われる。

「**体を開く**」とは「**体幹が正面を向くように回転させる**」ことで、「開くな」とは「**早く開くな**」と解釈すべきだろう。

なぜ体を開いてはいけないのか？　体を開かないようにするためにはどうすれば良いのか？　実は、この２つの疑問に対する答えは既に複数の節で説明してきたので、ここで整理しておく。

体を早く開いてはならない理由は以下の３点である。要点のみ箇条書きするので、詳細はカッコ内の節を参照して頂きたい。

体を早く開いてはならない理由

- **慣性力で肩甲骨を動かして、投球腕の第1ブレーキを実現するため**（4.6節、103ページ）
  体幹を回転させるタイミングが早いと、第1ブレーキの前に肩甲骨が元の位置に戻ってしまう。

- **体軸周りの角運動量を無駄にしないため**（5.5節、126ページ）
  できるだけ大きい角運動量を上肢に分配するため、下半身に渡す角運動量は最小限にしたい。

- **グラブ腕の引きつけによるスピン加速効果を妨げないため**（5.6節、130ページ）
  体を開くタイミングが早いと、グラブ腕を体の正面から引きつける形になり体幹の回転が減速する。

体を早く開かないようにするためのポイントは以下の２点である。

体を開かないようにするポイント

・**振り子運動させた踏み出し脚の膝を早く開かないこと**
（5.2節、115ページ）
　膝を開くタイミングが早ければ、体を開くタイミングも早くなる。

・**踏み出し脚を接地させた直後に、軸脚側の股関節を内旋屈曲させること**（5.5節、126ページ）
　軸脚側の股関節を内旋屈曲させると、軸脚が投球方向を向いた時の骨盤の回転を抑制できる。

【第六章】

まとめと補足

■ 6.1
理論的に明らかになった
多様なメカニズム

▌単純化は科学の原点

第2章の研究方法の説明で、筆者は「**単一の剛体棒モデルから出発し、段階的に複雑なモデルを考える**」(38ページ) と宣言した。その結果、単一の棒モデル及び2棒連結モデルのみに基づいた理論的考察で、様々な投球メカニズムを導くことができた。

これに対して、「たかが1つや2つの棒の力学で、複雑な人間の運動がわかるのか?」と考える人は少なくないだろう。

その批判が間違いとは言えないが、これだけは確実に言える。たかが1つや2つの棒の力学を理解することなく、複雑な人間の運動をどうやったら理解できるのか。**複雑な現象をそのまま観察したり測定したりするだけでは、現象の背後にある法則性に迫ることはできない。**

ところで、宇宙論研究では、宇宙は約100億年前に高温高密度の火の玉として生まれ、膨張しながら冷却し、その過程で元素、星、銀河がつくられて現在の姿になったことが明らかになっている。その理論研究の出発点になったのが、宇宙の全ての構造を無視した「**一様・等方宇宙モデル**」であった。そのモデルを基礎にして、様々な効果を段階的に付加しながら研究を積み重ねることにより、複雑な宇宙進化を解明することに成功したのである。

そのような宇宙論研究との比較で言えば、単純なモデルによって導かれている本書で紹介した理論は、投球動作のメカニズムの全てを解明したわけではなく、解明に至る研究の出発点を与えたに過ぎない。

特に気付きにくい2つのメカニズム

　投球動作の中にこれだけ多くの、かつ複雑な力学的メカニズムが隠されていたことは、筆者にとっても驚きであった。その中で、**「この動作に何かある」と直観してから具体的なメカニズムの発見までに数年かかったものが2つある**。この2つは力学的にやや複雑で、おそらく一般的にも気付きにくいと思われるので、要点をもう1度整理しておこう。

　1つ目は、4.1～4.4節（86-100ページ）の紙面を割いて説明した**腕の内旋の意味**である。

「腕の内旋」の意味

・リリースの直前に投球腕が伸びた状態で起こる内旋は動作の結果であり、内旋が手の加速に寄与しているわけではない。

・肘が曲がった状態から始まる腕の「準内旋」と伸展が同時に起こるとき、スピン加速効果（角運動量保存則）によって手が加速する。

・上の過程において、手の軌道を直線的（腕の軌跡を平面的）にすることが、加速のためにもコントロールの安定のためにも重要。そのために、図4.9（98ページ）のように、頭の後ろでボールを腕を振る動作（結果的にボールが小さい丸を描く）によって、準内旋と準回外というねじれ運動を実現することが重要である。

　2つ目は、3.4～3.5節（63-72ページ）と5.2節（115ページ）で説明した、**踏み出し脚の振り子運動と「開脚角60°の法則」**である。60°という数値

は、両脚を2つの真っ直ぐな一様な棒で近似した場合の数値だから、あくまで目安である。

「開脚角60°の法則」

- 踏み出し脚を腰周辺の筋力で前に運ぶと、その反作用が腰に反対向きに働くので、投球にマイナスである。できるだけ筋力を使わずに踏み出し脚を高い位置から振り子運動させなければならない。

- 踏み出し脚の振り子運動はまた、遠心力によって体幹を引っ張る働きと、体軸周りの角運動量を作る働きがある。

- 開脚角が60°を超えてから内力で踏み出し脚を上げると、前方への加速度が増加する。振り子運動の延長で、踏み出し脚を足の裏が捕手の方向を向くように膝を絞って前に出し、開脚角が60°を超えてから膝を緩めると、自然に復元力が開き、膝が開いて大腿が上がる。膝が開くタイミングが早いと、いわゆる「体の開きが早い」ということになり、球速が伸びない一因となる。

いずれも複雑な運動であり、できない人が漫然と練習を繰り返してできるようになるものではない。練習の正しい方向性を与えるために、力学的メカニズムの理解は重要である。

■6.2
コントロールのメカニズムとイップス

狙ったところに投げるのはなぜ難しいのか？

　いくら速いボールを投げることができても、コントロールが悪ければ意味がない。本書でここまで一貫して高速運動を生み出すメカニズムを議論し、コントロールに触れなかったことには理由がある。結果論になるが、**コントロールのメカニズムは高速運動を生み出すメカニズムに含まれるため、別々に議論する必要がなかったから**である。

　まず、小さい子どもがおもちゃのボールを投げるときの投げ方を考えよう。図6.1のように、体をほとんど動かさず、肩周辺の筋肉を使い、肩を

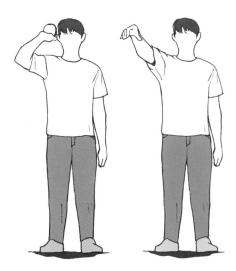

[図6.1] 小さい子どもがおもちゃのボールを投げるときの典型的な投げ方。体をほとんど動かさず、肩周辺の筋肉を使い、肩を支点に腕を回転させる。

支点に腕を回転させるのが典型的な投げ方だ。野球の熟練者であっても、ごく近くにボールや物を放るときは、これに近い動作になる。つまり、ある意味でこれは**人間の自然な動作**である。しかし、この動作の延長で野球やキャッチボールをすると、スピードが出ないだけでなく、以下の理由で狙ったところに投げることが難しくなる。

　図6.2は図6.1の腕の運動を単純化したモデルである。

　腕を1つの棒と見なし、固定軸（肩）の周りに回転運動をしたと仮定する。このとき、ボールは放した点で軌道の接線方向に飛んでいくので、A点で放せば $\vec{a}$ 方向に、B点で放せば $\vec{b}$ 方向に飛んでいく。つまり、**リリースまでのボールの軌道が弧を描くと、リリースポイントのわずかなずれがコントロールに大きく影響する**。

　手が高速運動する状況において、手先の感覚でリリースポイントを一定にすることは至難の業だ。そんなの当たり前と思われるかもしれないが、実際、**コントロールの悪い人は、これに近い投げ方になっている**。

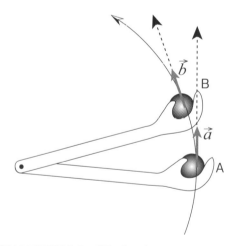

[図6.2] 腕が単純な回転運動をする「悪い」モデル。ボールを A 点で放せば $\vec{a}$ 方向に、B 点で放せば $\vec{b}$ 方向に飛んでいく。つまり、リリースポイントのわずかなずれがコントロールに大きく影響する。

┃コントロールを安定させる力学的メカニズム

　図6.2のモデルの欠点に注目すると、コントロールを安定させるための
３条件が導かれる。

> **コントロールを安定させる３つの条件**
>
> （ⅰ）リリースの瞬間に、投球方向に力を加えないこと。力が入
> 　　　っていると、わずかな力加減のずれがコントロールに影響
> 　　　するから。
>
> （ⅱ）リリース直前の手（ボール）の軌道がほぼ直線になること。
> 　　　曲線軌道の場合、リリースポイントのわずかなずれがコン
> 　　　トロールに影響するから。
>
> （ⅲ）手先の感覚ではなく、体の構造を使ってリリースポイントを安
> 　　　定させること。

　**投球腕の４段階ブレーキ効果を適切に働かせることができれば、この３
条件を満たす状況は実現される**。
　まず、条件（ⅰ）が満たされることは明らかである。胸部・肩関節・肘関
節・手首関節と、４段階で投球とは反対向きの力が加わることによって手
が加速されるので、**投球方向には力を加えない**。
　条件（ⅱ）は第３ブレーキによって満たされる。つまり、図4.13（105ペー
ジ）のように、慣性力を利用して前腕と上腕のねじれ運動を実現すると、
その後の準内旋において手の軌道は直線になる。腕の動きは一見複雑だ
が、手の軌道を直線にするためにはこれしかない。
　条件（ⅲ）の鍵となるのは**肩甲骨周辺部の運動**である。図4.13に示した
肩甲骨の構造とリリースポイントの関係も見直して頂きたい。

図6.3は、(a) 肩甲骨を動かさず肩関節を支点に肩周辺の筋力で上腕を動かす場合と、(b) 肩甲骨を動かしてその復元力を使う場合を比較した模式図である。(a) の場合、上腕をどこまで回転させどこでリリースするかが筋力の力加減で決まるため、**コントロールが安定しにくい**。一方、(b) の場合、**肩甲骨は元の位置に戻ると復元力がゼロになるため、決まった場所で止まる。そのタイミングで準内旋・伸展を起こせば、リリースポイントは安定する。**

　以上の議論から、投球腕の4段階ブレーキが適切にできればコントロールが安定するという結論に至る。ただし、ブレーキ効果は初速度からの倍々ゲームなので、初速度を作るために下肢・体幹の運動が重要であることも忘れてはならない。

┃ イップスについて

「**イップス**」とは一般に、**通常はできる動作が緊張等によって突然できなくなること**である。投球の場合、例えば次のような状況で突然コントロー

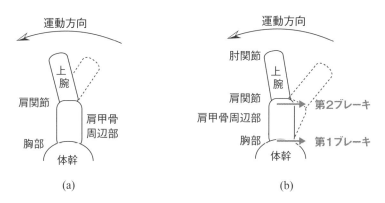

(a)　　　　　　　　　　　　(b)

[図6.3] 肩甲骨周辺部と上腕の運動の模式図。(a) 肩甲骨を動かさず肩関節を支点に筋力で上腕を動かす場合。(b) 肩甲骨を動かしその復元力を使う場合。

ルが乱れることである。

イップスが起こりやすい状況

・「暴投してはいけない」と強く意識するとき。試合中だけでなく、上下関係の厳しいチームにおいて先輩や指導者に投げる時に緊張して起こることもある。

・近距離で軽く投げるとき。例えば、コントロールの良い投手が、ピッチャーゴロの一塁への送球が暴投になることがある。

　イップスの症状の種類と程度は多岐にわたり、一言でその解決策を示すことはできない。しかし、これだけは確実に言える。

　コントロールが乱れるということは、例外なく、さきに述べた「コントロールを安定させる3つの条件」(i) 〜(iii)のうちの少なくとも1つが破れている。言い換えると、**投球腕の4段階ブレーキができてない、という技術的問題に帰着**できる。

　実際、近距離で軽く投げるときや「暴投してはいけない」と意識するときは、腕に力が入りがちだ。そうすると、図6.1 (139ページ) や図6.2 (140ページ) のように、肩を支点に腕を回転させるような運動になり、ブレーキ効果が働かなくなる。

　イップスの治し方として提案される方法の1つは、**考えずに投げること**だ。その具体的方法も幾つか提案されている。それで解決すれば問題ない。

　しかし、それでも解決しない場合には、逆に**ブレーキ効果をしっかり意識し、まずは腕に余計な力が入っている状態と抜けている状態の違いを認識することが重要**だ。次節では、肩の弱さを克服するためのチェックポイントを挙げるが、それは同時にイップス克服のためのヒントでもあるので、参考にして頂きたい。

■ 6.3
肩の弱さは克服できる

▍理屈が分かれば肩は強くなる

肩が弱いのは、腕が速く動かないからである。筋力で動く腕の速さはたかが知れている。**腕が速く動かないのは、高速運動のメカニズムを使えていないから**である。

これまで、そのメカニズムはほとんど理解されていなかった。6.1節で強調した2つのメカニズムだけを見ても、力学的考察なしに直観的には決して出てこない。メカニズムの正体が分からないまま漫然と練習しても、地図なしで森を歩くようなもので、多くの人は目的地に到達できないだろう。知識なしに最適な運動をする熟練者、特に**プロ野球選手やメジャーリーガーが奇跡**なのだ。

しかし、我々は今投球の力学的メカニズムを理解し、投球の森の地図を持つことができた。その地図を持って練習すれば、誰もが確実に上達するはずだ。

▍肩の弱さを克服するための
▍6つのチェックポイント

これまで様々なメカニズムを挙げてきたが、その中でも**特に肩の弱い人が間違いやすい動作を6つ挙げる**。それが、改善のためのチェックポイントとなる。

（1）体軸周りの角運動量を作るための準備動作があるか (5.5節、126ページ)

フィギュアスケートのスピンでは、スピンの前に反対向きに両腕を移動し、そこから戻る力で角運動量を作る。投球動作でも同じで、**はじめに投球方向と反対向きに上半身と踏み出し脚を回転させ、戻る力を使って体軸周りの角運動量を作ることが重要**である。投手の投球の場合、図5.1（b）（113ページ）のようなヒップファーストの形になる。これは、意識すればすぐにできる動作であるが、肩の弱い人や守備の送球が安定しない人の中には、**軸脚に体重を乗せてのひとひねりがない人が多い**。

（2）股関節を内旋屈曲させ、膝を曲げ、腰を落とした形で軸脚に体重を乗せているか（5.3節、118ページ）

　これは、重力と慣性力の複合であるエレベーター効果を働かせる動作である。投手型の場合、軸脚を倒しながら膝を曲げ、腰を落とした図5.4（120ページ）の形を作る。捕手型の場合、軸脚体重を乗せる前に軸脚を前に傾け、素早く図5.6（122ページ）の形を作る。

　ポジションによってプロセスが違っても、**軸脚側の股関節を内旋屈曲させ、膝を曲げ、腰を落とした形で軸脚に体重を乗せた形は共通**する。肩の弱い人の多くは股関節の内旋屈曲をさせず、いわゆる**「突っ立った」**状態**で投げる**傾向にある。

（3）踏み出し脚を筋力で運んでいないか（5.2節、115ページ）

　肩の弱い人の多くは、図5.1のようにせっかくヒップファーストしながら踏み出し脚を高く上げる形を作っても、**そこから踏み出し脚を筋力で前に出す**傾向にある。それではせっかくの重力エネルギーを活かした振り子運動が実現せず、遠心力が使えないと共に、踏み出し脚を動かした反作用が腰に後ろ向きに働き、投球に負の効果を及ぼす。野手の場合、図5.1のように脚を高く上げることはないが、小さいヒップファーストと小さい振り子運動になる。いずれの場合も、**踏み出し脚の移動にはできるだけ筋力を使わないことが重要**である。

（4）リリースまで腰をできるだけ回転させず、軸脚を地面に残しているか。（5.5節、126ページ）

　踏み出し脚を軸に上肢を回転させる局面において、限られた角運動量からできるだけ上肢に与えるために、腰から下にはできるだけ角運動量を分配したくない。そこで、脚を正面に向ける際に、骨盤全体を回転させるのではなく、**軸脚側の寛骨を内側に折るように向きを変え、骨盤全体を回転させないことが重要**である。骨盤を回転させなければ、軸脚も自然に地面に残り、角運動量が分配されない。

（5）前腕と上腕のねじれ運動のための準備動作ができているか。（4.4節、96ページ）

　準内旋と準回外を同時に起こすこと、つまり**前腕と上腕のねじれ運動をすることが、投球腕の最重要ポイント**と言っても過言ではない。標準的な動作を表したのが図4.9であり、ポイントは以下の通りである。

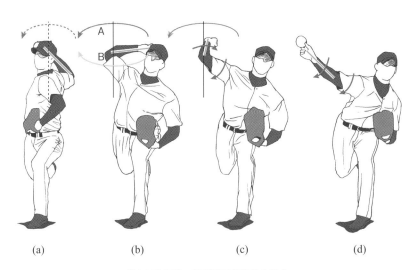

(a)　　　　　　(b)　　　　　　(c)　　　　　　(d)

[図4.9] 再掲。投球腕の標準的な動作。

> **投球腕の最重要ポイント**
>
> ・(a)のようなトップの位置を腕が通過しているか。
>
> ・(a)→(b)のように、腕を意図的には動かさず体幹を回転させ
>   ているか。
>
> ・(b)→(c)のように、前腕自体が投げ縄であるように脱力して
>   いるか。

　なお、上記の方法でねじれ運動がうまくできない場合は、**サイドスロー
でその感覚をつかむのも１つの方法**である。サイドスローの場合、図6.4
のように、準備動作が小さくても、手のひらを上に向ければ重力と慣性力
によって準回外が起こりやすいからだ。そのため、捕球してすぐに投げる

[図6.4] サイドスロー。準備動作が小さくても、重力と慣性力によって準回外が起
こりやすい。

内野手にはサイドスローが多い。

（6）肩甲骨の自然な状態の位置で腕を伸ばしているか（4.6節、106ページ）

　肩の弱い人の中には、**肘が曲がったままリリース**している人が多い。この原因は、前方の投球方向に向かって腕を伸ばすイメージを持っていることにあると思われる。前方に向かって腕を伸ばすと、伸ばしきったところでリリースするとボールは地面に叩き付けられるので、その手前でリリースするしかない。その結果、肘が曲がった状態でリリースしなければならなくなるため、**ブレーキ効果が働かず、スピードは出ないしコントロールも安定しない**。

　リリースポイントは、肩甲骨の構造で決まっている。図4.13（105ページ）が示すように、**肩甲骨の自然な状態は両肩を結んだ直線に対して30〜35°**であった。慣性力で後ろに動いた肩甲骨が復元力で戻り、自然に止まる（第2ブレーキ）のがその位置。その瞬間に内旋・伸展をすることにより、肘・手首での第3・第4ブレーキが実現される。

【付録】
回転運動の力学

本書の理論はニュートンの運動法則に基づき、その結果の多くは運動方程式から導かれているが、数式はできるだけ使わないように試みた。しかし、回転運動の力学については数式なしにはどうしても理解しにくい部分があるため、ここでその説明をする。

┃「てこの原理」と「力のモーメント（回転力）」

　図A.1のようなてこを考える。物体の重力をF_1、手で加える力をF_2、支点から物体までの距離をr_1、支点から手までの距離をr_2とすると、つり合い条件は

$$F_1 r_1 = F_2 r_2 \tag{A.1}$$

と表される。例えば、$r_2 = 10r_1$のとき、$F_2 = F_1/10$となり、物体の重さの1/10の力で持ち上げることができる。これが「**てこの原理**」である。

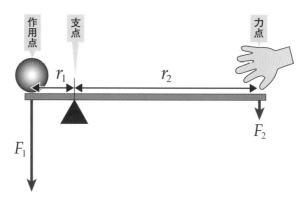

[図A.1] てこの原理。物体の重力をF_1、手で加える力をF_2、支点から物体までの距離をr_1、支点から手までの距離をr_2とすると、つり合い条件は $F_1 r_1 = F_2 r_2$ と表される。

ここで、$F_1 r_1$ を「**物体の重力が支点の周りに作る力のモーメント**」と定義する。符号は、反時計回りの回転を作るとき＋、反対の場合を－と定義する。すると、「手で加える力が支点の周りに作る力のモーメント」は－$F_2 r_2$ となる。その結果、式（A.1）は「力のモーメントの和がゼロ」を表し、力のモーメントのつり合い条件と解釈できる。

　一般に、力のモーメントは次のように定義される。

力のモーメントの定義

基準点をO、ある点Pに働く力の大きさを F、r = OP、力 F の向きと線分OPのなす角を θ とすると、力のモーメントは次のように表される。

$$N = rF \sin\theta \tag{A.2}$$

　一定の力 F を加えるとき、基準点からの距離 r が大きいほど、OPと力のなす角が $\theta = 90°$ に近いほど、力のモーメント N が大きくなることを意味する。特に、$\theta = 0°$、$180°$ となる力を「**中心力**」と呼び、そのとき $N = 0$ となる。

角運動量

　てこの例は力のモーメントがつり合っている場合であったが、つり合っていなければ回転運動が起こる。

　その回転運動の大きさの指標となる量が「**角運動量**」である。角運動量は次のように定義される。

質量 m の質点が基準点 O の周りを円運動するとき、O からの距離を r、速さを v、角速度（単位時間当たりに回転する角度）を ω とおくと、O の周りの角運動量は

1質点の円運動における角運動量：$L = mrv = mr^2w$ (A.3)

と定義される。2番目の等式では、$v = r\omega$ という関係を用いた。

mrv という量の物理的意味は一見分かりにくいが、次のように解釈することができる。図 A.2 のように、中心と粒子を結ぶ線分が単位時間に掃く面積（「**面積速度**」と呼ばれる）が $rv/2$ である。角運動量は、それに $2m$ を掛けた量である。

質点に $i = 1$、2、…… と番号を付け、各質点の質量を m_i、回転

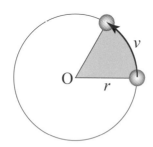

[図 A.2] 1質点の円運動における角運動量。中心と粒子を結ぶ線分が単位時間に掃く面積が rv/2 である。角運動量は、それに 2m を掛けた量である。

軸Aからの距離を r_i、各速度を ω_i とすると、全角運動量 L は

$$L = 各質点の角運動量の和 = \sum_i m_i r_i^2 w_i \qquad \text{(A.4)}$$

と表される。ここで、$\displaystyle\sum_i$ は全粒子について和をとることを表す。

角運動量：剛体の回転運動の場合

図A.3のように、剛体を多数の質点の集団と考える。剛体を構成する全粒子は共通の角運動量を持つので、それを ω とする。（A.4）において $\omega i = w$ とおくと、次式が得られる。

$$L = \left(\sum_i m_i r_i^2 \right) w \qquad \text{(A.5)}$$

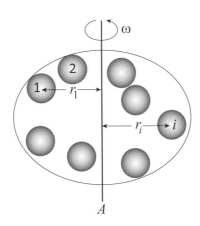

[図 A.3] 剛体を数の質点集団と見た模式図。剛体の構成粒子全てに i = 1, 2, … と番号を付け、回転軸 A からの距離を ri とする。全粒子は共通の角運動量 ω を持つ。

角速度、力のモーメント、及び角運動量について2点補足する。まず、いずれもベクトル量であり、回転軸方向を向きに持つ。本書では回転軸が明らかな場合に限定し、ω、N、Lのように大きさのみを表記するものとする。

　もう1つは、いずれも基準点を指定して定義されることである。基準点は必ずしも原点である必要はなく、座標系のとり方とは関係ない。例えば、同じ運動でも基準点を変えれば角運動量は変わる。3.7節で具体例を紹介したように、このことはスポーツ科学の文献で見落とされていることがある。

▎慣性モーメント

慣性モーメントの定義

剛体の角運動量の式（A.5）を、時間的に変化する量 ω とその係数に分けて、

$$L = Iw, \quad I = \sum_i m_i r_i^2 \tag{A.6}$$

と表し、この I を「慣性モーメント」と定義する。

　慣性モーメントは**「回転しにくさ」の指標**であり、剛体によって決まった定数をとる。大まかには質量と回転半径の2乗の積に比例し、その係数は剛体の形状によって決まる。慣性モーメントの具体例を2つ示す。

　半径R、質量Mの一様球（中心軸周り）： $I = \dfrac{2}{5} MR^2$

半径R、質量Mの一様円柱（対称軸周り）： $I = \dfrac{1}{2}MR^2$

回転の運動方程式と角運動量保存則

回転の運動方程式

ニュートンの運動法則から、剛体の回転について次の運動方程式が導かれる。

$$\frac{dL}{dt} = N \tag{A.7}$$

　これは「**力のモーメントNを加えると角運動量Lが増加する**」ことを示しており、直観的にも理解しやすいだろう。

角運動量保存則

剛体に外力が働かないか、中心力のみ働くとき、$N = 0$ となり、式 (A.6) と (A.7) から次の関係が成り立つ。

$$L = I w = 一定 \tag{A.8}$$

　この角運動量保存則（A.8）が、「基本メカニズム⑦」（46ページ）で重要な役割を果たす。

あとがき

　先日、フィンランド剣道連盟からの依頼で、オンラインセミナーの講演を竹田隆一氏（山形大学教授）と共同で行った。まず私が面打ち運動の物理学的理論を説明し、次に竹田氏が、その理論に基づいた新しい練習方法を紹介した。参加者は約70名。1時間半の予定だったが、質問が途切れることなく議論が続き、2時間を超えて主催者がストップをかけた。まさに好奇心と向上心に満ち溢れた素晴らしいひとときだった。

　日本でも、スポーツ動作の物理学的研究に関心を持ってくれる人はいる。熱心に話を聞いてくれる人はいる。しかし、「物理」と聞くだけで怪訝な顔をする人の方が圧倒的に多い。物理は難しいというイメージがあることに加え、「スポーツの技能は理屈ではなく、才能と練習量が全て」という考え方が根強いのだろう。まして、競技歴や指導歴がものを言う世界。競技者としては素人である物理学者の話など聞くだけ時間のムダ、と思われても仕方ない。

　フィンランド剣道連盟のセミナーは、今年はコロナ禍でオンラインになったが、昨年と3年前に現地で講演したときも、非常に活発な議論で盛り上がった。そして、現地ではセミナーに続いて通常の稽古が行われたが、それを見学して印象に残ったことがある。日本の七段を持つ上級者から初級者まで、年齢も子どもから高齢者まで一堂に会し、初級者も本当に楽しそうに稽古をしているのだ。

　私の知る限り、日本で剣道を部活や生涯スポーツとして長く続けている人は、一定のレベル以上の技能を持つ人がほとんどである。部活等で剣道

を始めてみて、なかなか上達しない人、その結果試合に出してもらえない人は、意欲を失ってやめることが多い。もちろん例外もあるが、その割合は少ない。一方、フィンランドでは、技術的に未熟であっても気にせず続けている人が多い。

　つまり、フィンランドの剣道競技者には日本に比べて次の2つの特徴がある。1つは、技術的に未熟であっても長く競技を続け、楽しんでいる人が多い。もう1つは、指導者の教えに従うだけでなく、多様な考え方を参考にしながら、自分で考え、議論する習慣がある。これは、他のスポーツ競技者にも言えるのではないだろうか。そしてそれは、フィンランドの教育方針に深く関係しているのではないだろうか。

　フィンランドでは個性を尊重し、他人との比較ではなく、一人一人が自分らしく生きていくことに重点が置かれている。体育の授業では「楽しむ」ことに特化し、決して順位はつけないことは有名だ。

　順位をつけないことについては賛否があり、順位を付けて競争意識を高め目標設定をすることに意味がある、という考え方もある。

　順位を付けて競争意識を高めることが有効なのは、努力の方向性が示されている場合に限ると、私は考える。例えば中長距離走の場合、とにかく練習を積めば、確実にタイムは縮まる。この場合、順位付けをして競争意識を高めることにある程度の意味はあるだろう（ただし、目標設定に必要なのはタイムであって、順位ではないという考え方もある）。一方、球技や体操のような大部分の競技では、練習の方向性が正しくなければいくら努力しても上達しない。その結果、体育の授業や部活動で、順位の低い子どもは最後まで順位が低いままである。元々運動好きだった子どもが、体育の授業や運動会によって運動が嫌いになるのは無理もないことだ。

　現時点では、練習の方向性が科学的根拠に基づいて示された競技はほとんどない。その意味で、フィンランドが小学校体育において順位付けをしないという方針は、合理的であると思う。そして、フィンランド剣道連盟の状況を見る限り、その教育方針は成功していると思う。

　ただし、順位を付けないことだけでは解決しない問題もある。他人と比

べることなく楽しめと言われても、その競技を楽しむための最低限必要な技術があるし、練習してもそれが習得できなければ本当の意味で楽しくない。例えば野球の場合、塁間の送球がまともにできなければゲームにならない。

　筆者が目指しているのは、誰もがスポーツを楽しむために、運動の仕組みを解明し、努力の方向性を示すことである。本書はその第一歩として、投球動作の仕組みについて物理学的に議論した。その結果、基本的なメカニズムについては概ね解明できたと思う。

　ただし、「どのような練習をすれば良いか？」について具体的な道筋を示すところまでは、残念ながら至らなかった。その原因は、競技者の技術やタイプの個人差が大きいことである。どのような練習が有効かについては、その競技者の技術のレベルがどの程度か、どのような体格か、そしてどのような癖があるかに依存する。これについては、体系的に調べて整理する必要があり、現在進行中である。

　本書の内容の一部は、竹田隆一氏（山形大学教授）及び安原拓哉氏（山口大学大学院生）との共同研究から得られました。また、本書の草稿段階で、高校時代の恩師の柴山勲氏（元新潟県高野連理事長、監督として甲子園に３回出場）及び先輩の石川智雄氏（新潟県野球連盟理事長、新潟県野球協議会副理事長ほか）から、議論が不十分な点をご指摘頂きました。ありがとうございました。

　腕の準内旋・準回外のメカニズムを解明したきっかけになったのは、妻の「逆立ちゴマは逆立ちした後にどっちに回るの？」という素朴な質問でした。妻の恵美には、このことに加え、深夜から明け方になりがちな本書の執筆を支えてくれたことに感謝します。

2021年7月

坂井　伸之

■参考文献

[1] 坂井伸之・竹田隆一「武道・スポーツにおける科学的方法に対する誤解と理論研究の重要性」武道学研究 48、35-41（2015）https://doi.org/10.11214/budo.48.35

[2] 坂井伸之・竹田隆一・柴田一浩・井上あみ「武道・スポーツにおける科学的方法に対する誤解と理論研究の重要性 II：科学における客観性とは？」日本武道学会第51回大会（2018）で発表　http://www.nsakai.sci.yamaguchi-u.ac.jp/hyoron2.htm

[3] 竹田隆一・坂井伸之「剣道の教えは理に適っているのか!?」剣道日本 2019年8月号、74-82 https://kendo-nippon.co.jp/post-912

[4] 坂井伸之・竹田隆一・井上あみ・柴田一浩「実戦的面打ちを習得するために基本打ちの練習は必要か？」武道学研究 51（1）、1-9（2018）https://doi.org/10.11214/budo.51.1

[5] 坂井伸之・牧琢弥・竹田隆一「武道・スポーツの基礎となる棒の力学：特に慣性力の重要性」武道学研究 49（1）、15-27（2016）https://doi.org/10.11214/budo.49.15

[6] 坂井伸之「剛体力学としてのスポーツ動作」大学の物理教育14、62-66（2008）https://doi.org/10.11316/peu.14.2_62

[7] 坂井伸之「スポーツ動作の物理：ゴム付き剛体連結モデル」日本物理学会誌 64（11）、840-843（2009）http://www.nsakai.sci.yamaguchi-u.ac.jp/gum.pdf

[8] 坂井伸之・牧琢弥・竹田隆一・柴田一浩「武道・スポーツの基礎となる棒の力学 II：多段階ブレーキ効果」武道学研究 51（1）、10-20（2018）https://doi.org/10.11214/budo.51.11

[9] E. Kreighbaum and K. M. Barthels "Biomechanics: A Qualitative Approach for Studying Human Movement（4th ed.）" Benjamin Cummings: San Francisco（1995）

[10] 坂井伸之「うまい人とへたな人の投球は力学的に何が違うのか？」日本物理学会第74回年次大会（2019）で発表、日本物理学会講演概要集 74（1）

※ URL は 2021年7月1日に確認

著者紹介

坂井伸之（さかい・のぶゆき）

山口大学理学部教授。新潟県長岡市出身。新潟県立長岡高校で野球部所属。早稲田大学に進み、宇宙の創生・進化やブラックホール等の理論的研究を始める。早稲田大学理工学部助手、京都大学基礎物理学研究所研究員、ケンブリッジ大学応用数学及理論物理学部門研究員、山形大学地域教育文化学部准教授等を経て、2012年から現職。2008年、ソフトボールをきっかけにスポーツ動作の物理学的研究を始める。趣味は子どもの頃から代わり映えなく、ピアノとスポーツ。著書に『現代物理最前線2』（共立出版、2000年、共著）、『ユニバース2.0　実験室で宇宙を創造する』（文藝春秋、2019年、解説）がある。

イラスト

土井敬真（どい・ひろまさ）

山形大学学術研究院准教授。奈良県奈良市出身。奈良教育大学大学院教育学研究科修了後に筑波大学大学院芸術研究科美術専攻彫塑分野修了。奈良県公立中学校講師、奈良佐保短期大学非常勤講師、女子美術大学非常勤講師を経て、2013年から現職。一陽会彫刻部に所属し、一陽展を中心に作品を発表している。

理論物理学が解明！
究極の投球メカニズム

2021年8月18日　第1刷

著　者　　坂井伸之

発行人　　山田有司

発行所　　株式会社　彩図社
　　　　　東京都豊島区南大塚 3-24-4
　　　　　ＭＴビル　〒170-0005
　　　　　TEL：03-5985-8213　FAX：03-5985-8224

印刷所　　シナノ印刷株式会社

URL https://www.saiz.co.jp　Twitter https://twitter.com/saiz_sha